ZEN
TOUT SIMPLEMENT

ZEN
TOUT SIMPLEMENT

DAVID SCOTT

GUY TRÉDANIEL ÉDITEUR
65, rue Claude Bernard
75005 Paris

Titre original :
Easy-to-use Zen

Rédacteur du projet : Jane Ellis
Rédacteur : Mandy Greenfield
Design : Anne-Marie Bulat
Indexeur : Isobel McLean

Traduit de l'anglais par Antonia Leibovici

Les fleurs printanières, la lune automnale,
La brise de l'été, la neige de l'hiver.
Si des choses inutiles n'encombrent pas
    votre esprit,
Vous profitez des meilleurs jours de votre vie.

ISBN : 2-84445-418-6
Copyright © Vega, 2002
Texte copyright © David Scott, 2002
Copyright © Guy Trédaniel Éditeur
pour la traduction française, 2003

http://www.tredaniel-courrier.com
email : Tredaniel-courrier@worldnet.fr

Sommaire

Première partie
UNE INTRODUCTION AU ZEN

Qu'est le Zen ?	6
Sources du Zen ?	18
Concepts essentiels	30
Comment pratiquer le Zen	44

Deuxième partie
LE ZEN DANS VOTRE VIE QUOTIDIENNE

Pratique quotidienne	64
Le Zen dans votre maison	80
Le Zen dans votre cuisine	106
Le Zen dans votre jardin	136
Bibliographie	158
Index/Remerciements	159

Qu'est le ZEN ?

Le Zen, forme de bouddhisme développée en Chine, a été introduit au Japon au XIIe siècle par des moines errants. Le Zen s'est épanoui là et, au cours des siècles suivants, a influencé de nombreux aspects de la culture et de l'attitude japonaise. Au XXe siècle, le Zen s'est répandu en Europe et aux Amériques. Il est actuellement l'une des formes les plus populaires et influentes du bouddhisme en Occident.

Qu'est le Zen ?

Le Zen est la vie quotidienne vécue consciemment.

Quand on a demandé au maître Pai-chang Huaihai (720-814) de parler du Zen, celui-ci a répliqué :

Quand vous avez faim, vous mangez, quand vous avez soif, vous buvez, quand vous rencontrez un ami, vous le saluez.

Le Zen est une forme de bouddhisme qui met principalement l'accent sur la méditation, sur l'expérience personnelle de ses enseignements et sur l'expression des questions primordiales de la vie et de la mort – non pas en termes théologiques ou métaphysiques, mais en se servant de formes pratiques ordinaires. Son objectif est d'offrir une expérience directe de la vie, indépendante des distinctions dualistes telles que moi/toi et vrai/faux. Le Zen désigne cette réalité toute simple par le terme de "nature de Bouddha". On peut cependant y substituer tout mot approprié, Dieu, Tao, la Grande vie. De ce point de vue, la tradition Zen est universelle, si bien qu'on l'appelle parfois "la religion avant la religion". Tout le monde peut pratiquer le Zen, quel que soit son credo ; en effet, on peut abandonner l'idée d'être un "bouddhiste Zen". Cela ne veut pas dire que le Zen ne possède pas de code éthique. Ses préceptes fondamentaux plongent leurs racines dans le bouddhisme. Au cœur des enseignements Zen on trouve une compassion et un respect profonds pour tous les êtres et une appréciation de la sagesse innée de chaque individu, une fois que celui-ci est libéré du désir.

Le dilemme de l'existence

La caractéristique qui sépare le Zen des autres voies est son engagement direct quant au dilemme de l'existence – non pas en un sens général, mais dans les détails pratiques de nos routines quotidiennes, les hauts et les bas de notre vie émotionnelle et notre relation avec le monde physique (par exemple, la nourriture que nous mangeons et les espaces dans lesquels nous vivons).

La méthode Zen démontre la réalité, plutôt qu'elle ne s'efforce de l'expliquer ou de la décrire en paroles. Si vous posez à un maître Zen une question du genre "Quel est le sens de la vie ?", vous obtiendrez probablement une réponse personnalisée.

Quand un moine lui a demandé : "Quel est le sens du Zen ?", un maître Zen a répliqué : "As-tu pris ton petit déjeuner ?" "Oui", a répondu le moine. "Lave alors ton bol", lui a dit le maître.

À la question : "Nous devons nous habiller et manger chaque jour, comment pouvons-nous échapper à cette servitude ?"(c'est-à-dire, comment pouvons-nous vivre dans le monde tout en trouvant en même temps la délivrance), un autre maître répondit : "Nous nous habillons, nous mangeons." "Je ne comprends pas", dit le moine. "Si tu ne comprends pas, revêts tes habits et mange ta nourriture", répondit le maître.

Ces réponses ne sont pas censées être malignes ou trompeuses ; elles expriment tout simplement l'essence même de la pratique Zen.

Puisque le mental-Bouddha à venir est la véritable nature de notre mental habituel, il doit suivre ce qu'on trouve dans la vie ordinaire – en fait notre propre vie. C'est pourquoi le Zen met tellement l'accent sur les banalités. Ce dernier point est extrêmement important. Dans un célèbre passage, Eihei Dôgen Zenji (1200-1253), le fondateur de l'école Sôtô du Zen japonais, décrit ainsi ce processus :

Apprendre la voie du Bouddha, c'est apprendre qui on est. Apprendre qui on est, c'est s'oublier soi-même. S'oublier soi-même, c'est être illuminé par tout ce qui existe dans le monde. Être illuminé par tout ce qui existe dans le monde, c'est abandonner son propre corps et son propre mental.

Pour beaucoup de gens, une conséquence pragmatique de ce lâcher prise est l'acceptation plus large et plus active de la vie ordinaire et, paradoxalement, la reconnaissance de sa qualité extraordinaire. Les activités quotidiennes sont investies d'un sens d'émerveillement. Les paroles d'un laïc chinois de la dynastie Tang (618-906) l'expriment joliment :

Quel miracle, quelle merveille ! Je puise de l'eau, je porte le bois.

Les fondements du Zen

Bien que les détails puissent changer en fonction de l'époque, de la culture et des circonstances de l'enseignement, l'enseignement Zen est basé sur la méditation *zazen*, le *koan* (question mystérieuse), le *dokusan* (discussion privée avec le maître) et le *samu* (période quotidienne de travail physique qui met en accord les autres techniques avec la vie quotidienne). Ces bases spécifiquement Zen opèrent dans le cadre des trois principes bouddhiques fondamentaux, les Trois Trésors : Bouddha, Dharma (enseignements du Bouddha) et Sangha (communauté bouddhique ou groupe de bouddhistes).

En Orient, les disciples du Zen qui avaient décidé de se consacrer à la réalisation de soi devenaient habituellement des moines ou des nonnes sous la direction d'un maître. En Occident, le Zen est un mouvement principalement laïque. Les pratiquants qui désirent vivre à la fois dans la société et à la manière Zen constatent souvent que la dévotion résolue doit laisser la place à une pratique plus variée, où s'entrelacent la formation classique Zen et les exigences et les soucis de la vie ordinaire. Nous espérons que le présent livre soit un guide utile sur cette voie.

Le Zen est universel et applicable à tous, partout. L'une de ses croyances fondamentales est que la nature de Bouddha est inhérente chez tous les gens et qu'elle est parfaite. Ce véritable moi montre de la compassion et de l'amour pour ses semblables, mais, comme le Bouddha l'a dit, "les hommes ne les perçoivent pas, car leur mental a été perverti par une réflexion illusoire". Le disciple du Zen aspire à voir son véritable moi à travers l'illusion et percevoir ainsi la nature de toute existence. L'enseignement Zen n'enrichit par l'individu, au contraire, il lui montre comment écarter les illusions pour devenir ce qu'il est réellement – pour rentrer à la maison, selon la terminologie Zen. Ceci implique de voir de plus en plus les choses telles qu'elles sont en réalité.

Le maître Zen Umon (décédé en 949) a dit :
*Quand vous marchez, juste marchez,
Quand vous vous asseyez, restez juste assis,
Plus que tout, ne chancelez pas.*

Qu'est l'illumination ?

L'illumination est souvent considérée (même par des pratiquants Zen expérimentés) comme quelque chose de tangible et de permanent qui marque l'apogée de l'effort spirituel.

Pratiquer sincèrement la Voie est, en soi, illumination. Il n'y a pas d'interruption entre la pratique et l'illumination du zazen et la vie quotidienne.
Eihei Dôgen (1200-1253)

Toutefois, quand on lui a demandé ce qu'il avait réalisé grâce à l'illumination, le Bouddha a répliqué : "Je n'ai absolument rien réalisé grâce à l'illumination complète et parfaite." À une question similaire, Bodhidharma, le premier Père fondateur, a répondu : "Un vide immense. Rien de sacré à ce propos." Que va-t-on faire de ces réponses ? Pourquoi s'efforcer à atteindre l'illumination si nous n'obtenons rien en retour ?

Cette situation paradoxale vient de l'opposition de deux points de vue. Le premier est celui du moi, l'ego, qui, en cherchant quelque chose pour lui-même, s'embarque dans la quête de l'illumination. Si on aboutit toutefois à l'expérience de l'illumination, on s'éveille de l'illusion du moi séparé. Dans la terminologie Zen, on "dépose le corps et le mental". De ce second point de vue, aucune expérience d'illumination n'existe, car il n'y a personne pour la ressentir, donc rien à réaliser, rien à acquérir et rien à devenir.

Pour la plupart des gens, la possibilité d'un éveil spirituel apparaît seulement quand le mental est mûr pour ce genre d'expérience. Dans la tradition Zen, ce processus est surtout facilité par la pratique de la méditation (*zazen*, voir page 48) et, dans l'école Rinzai, par l'étude des *koans* (voir page 62).

Le Grand éveil

En japonais, l'éveil à l'illumination est appelé *satori* ou *kensho*. Ces deux termes sont souvent interchangeables. Cependant, puisque la réalisation peut être soudaine ou progressive et plus ou moins profonde, il est habituel d'appeler l'intuition limitée *kensho*, et l'illumination même *satori* ou *daikensho* (Grand éveil). Une expérience *kensho* paraîtra étrangement familière et la réaction involontaire d'une personne pour laquelle le *kensho* devient réalité est souvent une réaction de surprise : "Bien sûr ! Qu'est-ce que je suis bête !" accompagnée par un éclat de rire face à l'évidence de la situation.

L'état d'illumination a été décrit de bien des façons. Les subtiles interprétations des arts Zen ont conféré une saveur particulière à l'expérience, surtout l'imagerie brillante et évocatrice des *haïku* (poésie traditionnelle japonaise) :

Tranquillement assis sans rien faire,
Vient le printemps.
L'herbe pousse toute seule.

Les dialogues maître-disciple de la littérature et des histoires Zen offrent aussi une illustration pratique de l'esprit illuminé. Par exemple :

Ryôkan, un maître Zen, vivait dans une hutte extrêmement simple, au pied d'une montagne. Un soir, un voleur est entré, pour découvrir seulement qu'il n'y avait rien à voler.

Ryôkan, revenu, le trouva là. "Tu es venu de loin

pour me rendre visite et tu ne dois pas rentrer les mains vides. Prends mes habits en cadeau", dit-il au rôdeur.

Le voleur, perplexe, prit les habits et s'en alla furtivement.

Ryôkan s'assit tout nu, à contempler la lune. "Pauvre homme, j'aurais voulu pouvoir lui donner la lune", songea-t-il.

Raul Reps, *Zen en chair et en os*

Le maître Zen Huen Sha était sur le point de parler à ses élèves lorsqu'un oiseau se mit à chanter sur une branche proche. Après avoir écouté avec ravissement l'oiseau, Huen Sha monta consciencieusement sur son estrade, pour redescendre en remarquant sèchement que le sermon du jour avait déjà été prononcé.

Serein dans l'unité des choses

La voie est parfaite comme le vaste espace
où rien ne manque et rien n'est en excès.
En fait, c'est ton choix d'accepter ou de rejeter l'idée
que tu ne vois pas la véritable nature des choses.
Ne vis ni dans les enchevêtrements extérieurs,
ni dans le sentiment intérieur de vide.
Sois serein dans l'unité des choses
et ces visions erronées disparaîtront d'elles-mêmes.
Quand tu essayes d'arrêter pour atteindre la passivité
ton effort même t'emplit d'activité.
Tant que tu restes à un extrême ou un autre,
tu ne connaîtras jamais l'unité.

Kanchi Sosan (décédé en 606), *Hsin Hsin Ming*

L'histoire du bouvier

On a parlé de la voie du Zen de bien des façons différentes, mais l'une des plus utiles pour comprendre son essence est la parabole du bouvier.

Depuis leur première apparition durant la dynastie Song en Chine (960-1276), les images du bouvier ont été utilisées pour expliquer les enseignements Zen. Ces images racontent l'histoire des étapes traversées par le pratiquant du Zen à mesure qu'il cherche sa véritable nature, qu'il la trouve et qu'il vit en accord avec elle. Dans ces tableaux, le bœuf représente la nature de Bouddha ou le véritable moi, le bouvier, l'être humain. Au commencement, ce sont deux entités distinctes, qui fusionnent progressivement. Le bœuf était l'animal domestique le plus commun en Chine à l'époque et il est intéressant de noter à quel point il est typique du Zen de se servir d'un tel animal pour sa représentation de la nature de Bouddha.

La série se déroule ainsi :

1. Le bouvier a perdu son bœuf ; il a l'impression de ne plus avoir de racines et de demeure.
2. Malgré sa désorientation, il cherche le bœuf et trouve ses traces.
3. Il suit ces traces, trouve le bœuf, mais sans savoir encore comment le contrôler.
4. Il tente d'apprivoiser le bœuf par un grand effort, mais le combat est difficile. Il doit se montrer dur avec le bœuf.
5. Il réussit et est capable de conduire le bœuf au pâturage, mais en le surveillant de près.
6. Le combat est fini – il est sur le dos du bœuf, capable de rentrer en se sentant assez relaxé pour jouer de la flûte. Sa joie annonce qu'il s'est libéré du monde des apparences, du gain et de la perte.
7. Le bouvier est seul. Il ne voit plus le bœuf comme séparé de lui-même et n'en a plus besoin en tant que concept ou symbole. En l'absence de ces distinctions, il peut rester solitaire et serein.
8. Le bouvier et le bœuf ont disparu. Toutes les illusions ont été abandonnées ; même l'idée de sacralité s'est estompée et, dans cet état de vacuité, on perçoit la plénitude de la vie.
9. La forme prend corps à partir de cette prise de conscience sans forme et est observée juste telle qu'elle est – en incessant changement. Les fleuves coulent, les oiseaux volent, les arbres fleurissent.
10. Le bouvier rentre à la ville. L'unité et la dualité ont été transcendées. Il est libre, totalement lui-même, avec rien à perdre ou à gagner. Il met en évidence l'illumination et, fidèle à l'idéal du *bodhisattva*, renonce à la libération personnelle pour aider autrui.

Vous verrez ci-après des gravures sur bois des dix étapes, réalisées par Tomikichiro Tokuriti (inspirées par celles du maître Zen chinois Kakuan Shion). Le poème et le commentaire accompagnant chaque étape ont été écrits par Kakuan.

l'histoire du bouvier • 13

Perdre le bœuf

L'animal ne s'étant jamais égaré, à quoi bon le rechercher ? L'animal est perdu, car le bouvier a été trompé par ses sens. Sa maison s'éloigne de lui, et les chemins sont perdus. Le désir de gain et la peur de la perte brûlent comme des flammes ; les idées de bien et de mal montent en flèche, comme une phalange.

Seul dans l'étendue sauvage, perdu dans la jungle,
   le garçon cherche, cherche !
Les eaux gonflées, les montagnes lointaines
   et le chemin sans fin ;
Épuisé et désespéré, il ne sait pas où aller,
Il entend seulement les cigales du soir tintent
   dans les forêts d'érables.

Sur les traces du bœuf

À l'aide des soûtras et en interrogeant les doctrines, il est arrivé à comprendre quelque chose. Il sait maintenant que les récipients, si divers soient-ils, sont tous en or et que le monde objectif est un reflet du moi. Pourtant, il est incapable de distinguer le bien du mal. Et comme il n'a pas encore traversé le portail, on considère, à titre provisoire, qu'il a remarqué les traces.

Le long du ruisseau et sous les arbres sont
   disséminées les traces de l'animal perdu ;
Les herbes fragrantes sont épaisses là
   – a-t-il trouvé la voie ?
Si loin au-delà des collines le bœuf vagabonde en
   s'éloignant,
Que son museau atteint les cieux et rien ne peut le
   dissimuler.

Trouver le bœuf

Le garçon trouve son chemin en se guidant d'après le bruit qu'il entend ; il aperçoit donc l'origine des choses, et tous ses sens sont en harmonie. L'harmonie est manifestement présente dans toutes ses actions, comme le sel dans l'eau et la colle dans la couleur. Quand le regard est bien dirigé, le garçon découvrira qu'il est uniquement lui-même.

> Sur une branche haute, un rossignol chante
>   joyeusement ;
> Le soleil est chaud, une brise apaisante souffle,
>   sur la berge les saules sont verts ;
> Le bœuf est là, il ne peut se cacher nulle part ;
> Sa superbe tête décorée de cornes imposantes
>   – quel peintre peut la dessiner ?

Attraper le bœuf

Le garçon a enfin trouvé le bœuf et le tient maintenant. De par la pression accablante du monde extérieur, il est difficile de maîtriser le bœuf. Celui-ci aspire constamment à retrouver son champ aux arômes suaves. La nature sauvage est encore indisciplinée et refuse d'emblée d'être changée. Si le bouvier désire que le bœuf soit en harmonie avec lui, il doit se servir beaucoup de son fouet.

> Avec l'énergie de tout son être, le garçon a enfin
>   attrapé le bœuf ;
> Mais à quel point la volonté de celui-ci est sauvage,
>   ingouvernable son pouvoir !
> Parfois il se pavane sur un plateau,
> Puis voilà ! il se perd de nouveau dans
>   un impénétrable col brumeux.

Ramener le bœuf

Quand une pensée s'en va, une autre suit, puis une autre encore. Grâce à l'illumination, tout devient vérité, mais le mensonge se fait valoir lui-même quand la confusion l'emporte. Les choses nous accablent, car l'esprit s'aveugle lui-même. Ne lâchez pas la corde, tenez-la bien et n'admettez aucune indécision.

> *Le garçon ne doit pas se séparer de son fouet
> et de sa longe,*
> *Sinon l'animal s'en ira vagabonder dans un monde
> de souillures ;*
> *Quand on s'occupe bien de lui, il grandira
> pur et docile ;*
> *Sans chaîne, sans attache, il suivra de lui-même
> le bouvier.*

Rentrer sur le dos du bœuf

La bataille est finie ; l'homme n'est plus concerné par le gain et la perte. Il fredonne l'air rustique du forestier, chante les chansons simples du paysan. Se juchant sur le dos du bœuf, son regard est fixé sur des choses immatérielles, qui n'appartiennent pas à la terre. Même si on l'appelle, il ne tournera pas la tête ; si attiré qu'il soit, il ne restera plus en arrière.

> *Juché sur l'animal, il s'achemine placidement
> vers la maison ;*
> *Enveloppé par la brume nocturne, le son de sa flûte
> s'évanouit si mélodieusement !*
> *Fredonnant une chansonnette, son cœur est plein
> d'une joie indescriptible !*
> *Est-il besoin de dire qu'il fait maintenant partie
> de ceux qui savent ?*

Le bouvier seul

Les Dharmas sont un et le bœuf est symbolique. Quand on sait que ce dont on a besoin n'est pas le collet ou le filet, mais le lièvre ou le poisson, c'est comme l'or séparé des scories, comme la lune se levant à travers les nuages. Le rayon de lumière serein et pénétrant brille même avant les jours de création.

> Juché sur l'animal, il est enfin de retour chez lui,
> Puis voilà ! le bœuf n'est plus ; l'homme seul
>   se tient là, serein.
> Bien que le soleil rouge soit haut dans le ciel,
>   il rêve encore paisiblement,
> Sous un toit en chaume, son fouet et sa corde
>   sont jetés négligemment.

Vacuité

Toute confusion est écartée et seule la sérénité règne ; même l'idée de sainteté n'a plus cours. Il ne s'attarde pas à l'endroit où se trouve le Bouddha, et il passe rapidement là où le Bouddha n'est pas. Quand aucune forme de dualisme n'existe, même l'homme doté d'un millier d'yeux ne verra pas le point faible. Une sacralité à laquelle les oiseaux offrent des fleurs n'est qu'une mystification.

> Tout est vacuité – le fouet, la corde, l'homme et
>   le bœuf ;
> Qui peut surveiller l'immensité des cieux ?
> Sur le fourneau resplendissant de flammes,
>   aucun flocon de neige ne peut tomber :
> Quand cet état des choses s'installe, l'esprit
>   du vieux maître est présent.

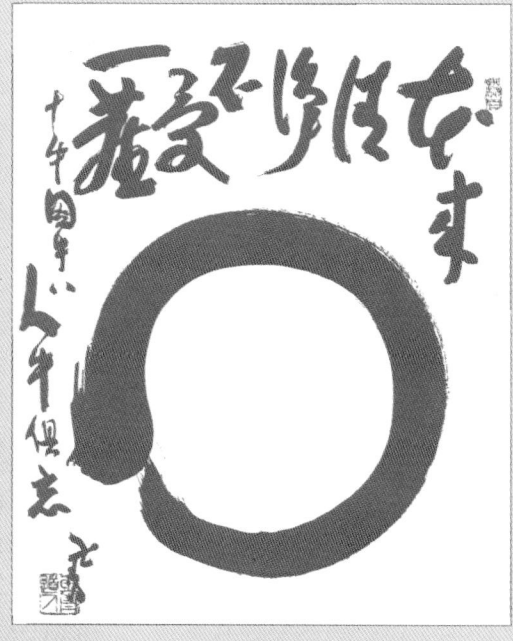

l'histoire du bouvier • 17

Sérénité inébranlable

Depuis le commencement, pur et immaculé, l'homme n'a jamais été affecté par la souillure. Il regarde la croissance des choses, tout en restant dans la sérénité immuable de la non-affirmation. Assis seul, il observe la transformation des choses.

Revenir à l'Origine, retourner à la Source
  – c'est déjà un faux pas !
Il est bien mieux de rester chez soi, aveugle
  et sourd, sans plus d'histoires ;
Assis dans sa hutte, il ne s'intéresse pas
  aux choses extérieures,
Regarde les ruisseaux couler – nul ne sait où ;
  et les fleurs rouge vif – pour qui sont-elles ?

Revenir à la maison

La porte de la chaumière est fermée, et même le plus sage des hommes ne sait rien de lui. On n'aperçoit rien de sa vie intérieure, car il va son propre chemin, sans suivre les pas des sages anciens. Quand il se trouve en compagnie de buveurs et de bouchers, ils sont tous transformés en Bouddhas.

La poitrine dénudée, les pieds nus, il sort sur
  la place du marché ;
Barbouillé de boue et de cendres, il sourit si
  joyeusement !
Aucun besoin du pouvoir miraculeux des dieux,
Car sous son toucher, les arbres morts fleurissent !

Sources du ZEN

Le Zen japonais est originaire de Chine où ont enseigné les premiers maîtres et où ont été fondés les premiers monastères. Cependant, les premières sources du Zen se trouvent en Inde, où Siddhârtha Gautama est né (vers 563 av. J.-C.), a atteint l'illumination et – en tant que Bouddha – a fondé le bouddhisme *(voir page 21)*.

# Les origines du zen

Le Zen a été initié par un moine indien, le Bouddha. Par la suite, le Zen est passé en Chine, avant d'apparaître au XIe siècle au Japon.

Si vous éprouvez des sentiments à propos de l'enseignement bouddhique,
celui-ci devient une chose matérielle.
Si vous n'éprouvez rien à l'égard des choses matérielles,
celles-ci deviennent un enseignement bouddhique.
Proverbe Zen

Après la mort du Bouddha (vers 480 av. J.-C.), ses enseignements ont été transmis à travers 28 générations de maîtres indiens jusqu'à Bodhidharma, maître indien de méditation bouddhique du VIe siècle, réputé être à l'origine de l'histoire du Zen. Introduit en Chine, le bouddhisme de Bodhidharma a séduit l'esprit chinois et, au fil des siècles, a fait évoluer de l'école Chan – influencée par les pensées confucéenne et taoïste indigènes.

Durant la dynastie Tang (618-906), l'âge d'or du Chan, cette école s'est acquis une place particulière chez les hommes d'art et les intellectuels, influençant leur œuvre et leur pensée. Ensuite, sous la dynastie Song (906-1276), le Chan a connu une longue période de popularité et de faveur gouvernementale, se répandant dans toutes les classes sociales chinoises, de même qu'au Japon, en Corée et au Viêtnam. Le bouddhisme Chan a exercé l'influence spirituelle la plus puissante sur le développement de la culture chinoise. Les monastères Chan sont devenus les principaux centres de l'enseignement chinois. Comme le dit Alan Watts (écrivain anglais, décédé en 1973, qui a écrit sur la philosophie comparée et le Zen) :

> Le résultat a été un extraordinaire croisement d'activités philosophiques, académiques, poétiques et artistiques, où le concept Zen et taoïste de "simplicité" est devenu la note dominante.

(Les estampes de cette époque ont influencé plus tard la conception des jardins Zen japonais, *voir page 136*.)

Transmission au Japon

Cette sensibilité – sous toutes ses formes, spirituelle, culturelle et artistique – a été exportée au Japon aux XIe et XIIe siècles par des moines errants chinois. Les moines japonais qui s'étaient rendus en Chine pour suivre l'enseignement des maîtres Chan ont aussi joué un rôle dans son apparition. Sa pratique austère et son accent sur l'intuition plutôt que sur l'apprentissage, ont attiré particulièrement la classe guerrière japonaise qui, au XIIe siècle, a remplacé les empereurs et les courtisans en tant qu'élite gouvernante.

La tradition Zen s'est rapidement acquis une place puissante dans la vie culturelle et spirituelle de son nouveau pays d'accueil et, au fil du temps, a développé sa propre saveur japonaise. Rétrospectivement, ce fut une évolution fortuite, puisqu'en Chine le Chan a perdu progressivement sa vigueur et, à l'époque de la dynastie Ming (1368-1644), n'occupait plus une place importante dans la vie du pays.

La vie du Bouddha

Le Bouddha est né au VIe siècle av. J.-C. au nord-ouest de l'Inde. Il a été le fondateur du bouddhisme.

À sa naissance, un astrologue avait prédit que le jeune Siddhârta Gautama deviendrait soit un conquérant, soit un grand sage. Son père, préférant évidemment la première option, a fait éduquer son fils dans toutes les vertus guerrières de l'époque.

Siddhârta a grandi, est devenu un jeune homme équilibré et heureux, s'est marié et a eu un fils. Mais, sans qu'il comprenne pourquoi, sa vie ne le satisfaisait pas. Il décida de fuir le palais et s'aventura en secret parmi les sujets de son père. Pour la première fois de sa vie, il rencontra la maladie, la vieillesse et la mort, et se rendit compte qu'aucun confort ou luxe ne pourrait lui épargner les épreuves de la vie – pas plus qu'à n'importe quel autre homme. Siddhârta décida d'abandonner sa richesse, son pouvoir et sa famille. Il partit errer sur les routes, dormant à ciel ouvert et mendiant sa nourriture.

Il voyagea de maître en maître, apprenant tout ce que ceux-ci savaient, mais malgré le fait de s'être soumis lui-même à toutes sortes de restrictions, il ne réussit pas à mettre fin à son doute à propos du sens de la vie. Cinq ans plus tard, Siddhârta, sur le point de succomber de faim et d'épuisement, finit par conclure que le sens de la vie ne pouvait pas être trouvé à travers un ascétisme extrême et abandonna la pratique. Pour admettre cette réalité, il lui a fallu beaucoup de confiance en soi et de courage.

La quête de la vérité

Quand, pour la première fois depuis de nombreuses années, il mangea un repas correct, bon nombre de ses adeptes le quittèrent, dégoûtés. Profondément frustré par son échec, Siddhârta se rappela un moment de son enfance où, assis sous un arbre dans le jardin du palais, il avait ressenti un état de parfaite harmonie et paix. Avec une détermination nouvelle, il s'assit sous un figuier, décidant de ne pas bouger avant que son doute à propos du but de la vie n'ait été totalement dissipé.

Un jour et une nuit passèrent. À l'aube, Siddhârta vit l'étoile du matin au-dessus de l'horizon, et comprit qu'il tenait la réponse à ses doutes. La vie et la mort n'étaient que des phénomènes éphémères. "Quel miracle ! s'exclama-t-il. Tous les êtres vivants sont intrinsèquement illuminés quant au sens de la vie et de la mort, ils sont doués de la sagesse et de la compassion des Éveillés, mais ils ne s'en rendent pas compte à cause de leur pensée trompeuse." En comprenant cette vérité, son doute fut dissipé, et il devint Shakyamuni Bouddha. Son premier enseignement fût les Quatre nobles vérités *(voir page 32)*.

Le premier patriarche Zen : Bodhidharma

Vers l'an 520, l'arrivée en Chine du moine bouddhiste indien Bodhidharma a marqué le commencement du Chan *(Zen)*. Ce moine est devenu le premier des patriarches Zen chinois.

On sait très peu de choses sur ce grand maître, bien que la légende affirme qu'à son arrivée en Chine il a rencontré l'empereur bouddhiste Wu de la dynastie Liang (qui a régné entre 502-542) :

L'empereur dit à Bodhidharma : "J'ai bâti beaucoup de temples, copié d'innombrables soûtras et ordonné bon nombre de moines depuis que je suis devenu empereur. Je veux donc savoir quel est mon mérite ?"

"Aucun !" répondit Bodhidharma.

L'empereur demanda : "Pourquoi aucun ?"

Bodhidharma répliqua : "Faire des choses pour obtenir un mérite a un motif impur, ce qui provoquera une renaissance dérisoire."

L'empereur, quelque peu déconcerté, demanda alors : "Quel est le plus important principe du bouddhisme ?"

Bodhidharma répondit : "La vacuité infinie. Rien n'est sacré."

L'empereur, perplexe et assez outré, demanda : "Qui es-tu qui te tiens devant moi ?"

Bodhidharma répliqua : "Je ne sais pas."

Cette histoire est probablement une version tronquée de ce qui s'est réellement passé, mais elle illustre la méfiance du Zen face à l'abondance de paroles et sa vision selon laquelle l'accent excessif sur les rituels, les écritures savantes et les bonnes œuvres n'apporte pas la libération.

Comme l'empereur ne l'avait pas compris, Bodhidharma quitta le palais et traversa le fleuve Yang-tzeu. On raconte qu'il passa les neuf années suivantes dans une grotte, tourné vers une paroi. Durant ce temps, il fut tellement dégoûté par son envie de dormir qu'il s'arracha ses paupières et les jeta sur le sol – donnant ainsi naissance aux premiers buissons de thé. Il a eu cinq successeurs, dont le principal a été Taiso Eka (486-593). On affirme que Bodhidharma a vécu plus de 150 ans, qu'il fut le fondateur du monastère Shaolin et qu'il introduisit les arts martiaux en Chine, concevant le kung-fu pour que les moines puissent faire de l'exercice et se protéger des bandits de la région. Peu de ses écrits ont survécu – son commentaire sur les préceptes est le plus connu. Un exemple d'un proverbe attribué à Bodhidharma montre l'essence du Zen (la phrase clé étant "voyant sa véritable nature") :

Une transmission spéciale hors des écritures,
Indépendante des mots ou des lettres,
Dirigée directement vers le mental,
Voyant sa véritable nature et atteignant
*　　l'état de Bouddha.*

On a peu de preuves concrètes de l'existence du personnage historique Bodhidharma. Mais son mythe – sinon la réalité de sa vie – a eu une importante influence sur le Zen.

Un jour, Bodhidharma a été visité par un moine appelé Hui-ke, qui l'a supplié de devenir son maître, sans être entendu. C'était l'hiver. Hui-ke est resté à l'extérieur du temple jusqu'à ce que la neige atteigne ses genoux, mais Bodhidharma n'était toujours pas convaincu de sa sincérité. Désespéré, Hui-ke prit une épée et se trancha l'avant-bras, qu'il offrit à Bodhidharma, le suppliant une fois de plus de devenir son maître. Il s'ensuivit le dialogue que voici :

"Mon esprit ne trouve pas le repos, maître, aide-moi à le pacifier !

— Apporte-moi ton esprit et je le pacifierai pour toi."

Hui-ke, étonné, finit par dire : "Je l'ai cherché partout, mais je ne le trouve pas !"

Et à Bodhidharma de répondre : "Voilà ! J'ai déjà pacifié ton esprit."

Renoncez à toutes les pensées décousues et à tous les attachements. Reposez votre mental. Comme un mur, ne vous laissez pas influencer par les choses internes ou externes ; c'est seulement alors que vous pourrez suivre la voie du Bouddha.
Bodhidharma

Le bouddhisme Chan en Chine

Vers le Ier siècle, le bouddhisme s'est frayé un chemin en Chine via les routes commerciales de l'Asie centrale partant d'Inde. Diverses écoles bouddhiques ont été fondées avant l'arrivée de Bodhidharma.

Quand Bodhidharma arriva, il posa les bases de l'école bouddhique Chan. L'accent étant mis sur l'expérience méditative plus que sur la connaissance doctrinale, le Chan s'attira la sympathie des Chinois, qui avaient déjà leur propre système contemplatif, le taoïsme. La manière de vie simple associée au taoïsme est définie dans le principe *wu-wei*, le "non-faire" ou le "non-effort". Le texte classique du taoïsme, le *Tao Te Ching*, commence ainsi :

Le Tao qu'on tente de saisir n'est pas le Tao lui-même ;
le nom qu'on veut lui donner n'est pas son nom adéquat.

Sans nom, il représente l'origine de l'univers ;
avec un nom, il constitue la Mère de tous les êtres.

Par le non-être, saisissons son secret ;
par l'être, abordons son accès.

Non-être et Être sortant d'un fonds unique ne se différencient que par leurs noms.
Ce fond unique s'appelle Obscurité.

Obscurcir cette obscurité.
Voilà la porte de toute merveille.

Les similarités avec le bouddhisme Chan étaient marquantes. Une partie du Chan ultérieur est imprégnée de l'influence du Taoïsme, qui lui confère sa saveur distinctive. Prenons le *Hsin Hsin Ming*, écrit par le Troisième patriarche, Kanchi Sosan :

La Grande voie n'est pas difficile
Pour ceux qui n'ont pas de préférence.
Quand l'amour et la haine sont absents
Tout devient clair et peu séparé.
Fais toutefois la plus petite distinction
Et le ciel et la terre seront infiniment distants.

Après l'époque du Quatrième patriarche, les maîtres Chan ont fondé des monastères consacrés à l'enseignement. À l'époque du Cinquième patriarche, Hung-jen (601-674), environ mille moines étudiaient en ces lieux.

Trois en un

Le chevauchement des systèmes de croyances en Chine est illustré par l'histoire suivante :

On a demandé au maître Hui-hai : "Le taoïsme, le confucianisme et le bouddhisme sont-ils trois doctrines différentes ou la même ?"

Il a répliqué : "Pour ceux qui les comprennent bien, ils forment une même doctrine. Pour ceux qui les comprennent moyennement, ils sont différents. Ils viennent tous de la même Vérité, mais une approche analytique les fait paraître trois. Toutefois, l'aboutissement à l'illumination ou le maintien dans l'illusion dépend de celui qui les cherche, pas des différences de doctrine."

Huei-neng

L'un des élèves du monastère bâti par Hung-jen, le Cinquième patriarche, était un petit paysan analphabète qui allait devenir plus tard le Sixième patriarche. Son nom était Huei-neng et, après Bodhidharma, il est le maître le plus révéré de l'histoire du Zen.

Huei-neng venait d'une famille pauvre de la région frontalière du sud de la Chine. Il gagnait sa vie en ramassant du bois qu'il vendait à la ville. Un jour, il entendit un moine réciter le *Soûtra du Diamant*. En entendant la phrase "tu dois activer le mental, sans t'appesantir sur rien", Huei-neng fut illuminé sur le champ. Il demanda d'où venait cette phrase et le moine lui dit l'avoir apprise de Hung-jen.

Huei-neng rendit donc visite à Hung-jen qui, réalisant le potentiel du jeune homme, le préserva de l'influence des autres moines. Sur son lit de mort, Hung-jen demanda aux moines des poèmes exprimant leur compréhension : l'auteur du meilleur poème serait son successeur. Le chef des moines, Shen-hsui, écrivit :

Le corps est l'arbre de l'illumination,
Le mental est pareil au support d'un brillant miroir.
Nettoie-le sans cesse
Et ne laisse pas la poussière s'y déposer.

Huei-neng pensa qu'il pouvait mieux faire. Voilà son poème :

L'illumination n'est pas en essence un arbre,
Le miroir brillant n'est pas un support,
Depuis le commencement rien n'existe,
Où puisse se déposer la poussière.

Hung-jen, profondément impressionné par le poème de Huei-neng, avait trouvé son successeur. Il fit appeler à minuit Huei-neng, lui donna sa robe et son bol (symboles de la transmission), et lui dit de quitter le monastère pour sa propre sécurité, car les gens risquaient de se montrer jaloux. Huei-neng n'avait pas encore 20 ans, était de basse extraction, un barbare du sud, même pas un moine. Huei-neng suivit le conseil de son maître et n'enseigna pas pendant 10 ans. Finalement, il devint moine. Des centaines de gens se mirent à étudier sous sa direction et pour la première fois l'école Zen s'épanouit. Durant sa carrière d'enseignant, il écrivit le *Soûtra de l'Estrade*, autre texte qui influença la tradition Zen.

Durant la vie de Huei-neng, un conflit naquit entre l'école nordique dirigée par Shen-hsiu (le frère Dharma de Huei-neng) – défenseur de l'école progressive de l'illumination – et l'école du sud (comprenant les adeptes de Huei-neng). Celui-ci se fit partisan de l'école du sud. Ce débat allait se poursuivre tout au long de l'histoire du bouddhisme chinois : l'illumination est-elle réalisée brusquement ou est-elle atteinte progressivement par la pratique ?

Interrogez votre mental et réalisez votre nature de Bouddha – qui ne se repose ni ne bouge jamais, qui ne démarre ni ne s'arrête. Vous gaspillerez toute votre vie si vous ne le faites pas.
Huei-neng (638-713)

Joshu

Joshu (778-897) fut l'un des plus grands maîtres Zen de la dynastie Tang, l'Âge d'or du Zen.

Joshu balayait le monastère lorsqu'un disciple lui demanda :

"Pourquoi balayes-tu ? Tu es un grand maître Zen, libéré de la poussière des pensées mauvaises."

Joshu répliqua :

"La poussière vient de l'extérieur."

Adolescent, Joshu commença sa formation avec le maître Nansen (748-834) dont le nom Zen vient de la montagne sur laquelle il avait fondé son monastère. Dans la collection de *koans Mumonkan* on trouve la transcription d'une discussion entre Nansen et Joshu :

Joshu demanda à Nansen : "Qu'est la Voie ?"

Nansen répondit : "Le mental ordinaire est la Voie.

— Doit-on alors nous diriger vers elle ou s'abstenir ?" demanda Joshu.

Nansen dit : "Si tu essayes de te diriger vers elle, tu t'en éloigneras."

Joshu continua : "Si on n'essaye pas, comment peut-on savoir que c'est la Voie ?"

Nansen répliqua : "La Voie n'appartient pas au savoir ou au manque de savoir. Le savoir est illusion. L'absence de savoir est vacuité. Si tu parviens réellement à la Voie de l'absence de doute, celle-ci est pareille au néant, tellement elle est vaste et sans limites. Comment peut-il y avoir un bien et un mal dans la Voie ?"

À ces paroles, Joshu fut illuminé. Il avait à l'époque 18 ans.

Sa pratique mûrit pendant presque 40 ans, jusqu'à la mort de Nansen. Après 3 ans de deuil (période traditionnelle en Chine), Joshu partit en pèlerinage. Son attitude était sans pareille, et il fit ce vœu : "Si je peux enseigner à un vieillard de 80 ans qui ne comprend pas la Voie, je le ferai. Si une fillette de 7 ans a quelque chose à m'apprendre, j'apprendrai." Il voyagea en Chine, visitant beaucoup de maîtres célèbres de l'époque. À 80 ans, il s'installa pour enseigner, et le fit jusqu'à l'âge de 120 ans. La réputation de Joshu était irréprochable, et maître Dôgen – l'un des grands maîtres du XIIIe siècle – l'appela "vieux Bouddha", tellement il fut impressionné par son enseignement. La littérature Zen le connaît sous le nom de "Bouddha à la langue d'or". On utilise encore de nombreux dialogues de Joshu, y compris son "muu" :

Un moine demanda à Joshu en toute honnêteté si un chien possédait une nature de Bouddha. Joshu répliqua en disant : "muu".

"Qu'est muu ?" est assez souvent le premier *koan* qu'il faut étudier. Il illustre l'attitude "comprends-le-tout-seul" de Joshu. Ses dialogues vont du mot ou de la phrase unique à l'humour drôle, en passant par l'imagerie subtile.

Un moine s'inclina devant une statue du Bouddha. Joshu le gifla. "Ce n'est pas louable de s'incliner devant le Bouddha ?" demanda le moine. "Oui, répliqua Joshu, mais c'est mieux de le faire sans même une idée louable."

Lin-chi

Lin-chi est le maître Chan dont le nom japonais, Rinzai, est utilisé pour désigner l'une des deux écoles principales du Zen japonais.

Ceux qui sont contents de n'être rien de particulier sont des gens nobles. Ne luttez pas. Soyez ordinaire.
Lin-chi (décédé en 866)

Lin-chi était renommé pour sa façon brutale d'éveiller le mental de ses disciples et d'écarter les modèles conditionnés de pensée. Ses propres paroles illustrent le mieux ses méthodes d'enseignement :

Adeptes de la Voie, le Bouddha-Dharma n'a pas besoin d'application expérimentée. Soyez vous-mêmes sans chercher autre chose, en révélant votre nature, en portant des robes et en mangeant… Si vous maîtrisez la situation dans laquelle vous vous trouvez, à chaque fois que vous vous levez tout devient vrai ; vous ne pouvez plus être trompé par les circonstances.

Mes amis, je vous dis : il n'y a pas de Bouddha, pas de voie spirituelle à suivre, pas d'enseignement et pas de réalisation. Qu'est-ce que vous cherchez ardemment ? À mettre une tête au sommet de la vôtre, idiots aveugles ! Votre tête est juste là où elle doit être. Le problème est que vous ne croyez pas assez en vous-mêmes. Pour cette raison, vous êtes dépassé ici et là par les états dans lesquels vous vous retrouvez. Rendu esclave et dirigé par des situations objectives, vous n'avez aucune liberté, vous n'êtes pas votre propre maître. Cessez de vous tourner vers l'extérieur, ne vous attachez pas à mes paroles. Arrêtez juste de vous accrocher au passé et de rêver à l'avenir.

Par la suite, certains maîtres ont critiqué Lin-chi pour cette approche "dure", mais celle-ci a caractérisé uniquement la première phase de son enseignement. Plus tard, il a fait montre d'une subtilité rivalisant avec celle des meilleurs maîtres.

Lin-chi et Huang-po

Maître Lin-chi était petit, mais les anecdotes de ses rencontres avec son prédécesseur, le célèbre Huang-po, ne mentionnent pas qu'il fut intimidé par la taille de celui-ci (dépassant les 2 mètres) :

Durant un travail communautaire, Lin-chi binait la terre. Voyant arriver Huang-po, il s'arrêta et s'appuya sur sa binette. "Es-tu déjà fatigué ?" demanda Huang-po.

"Je n'ai même pas levé ma binette, comment pourrais-je être fatigué ?" répondit Lin-chi. Huang-po voulut le frapper. Lin-chi attrapa le bâton de Huang-po, lui donna un coup et le fit tomber.

Huang-po appela le chef d'équipe : "Aide-moi à me lever !" Celui-ci arriva en courant et l'aida.

"Maître, comment peux-tu laisser ce fou s'en tirer avec une telle grossièreté ?" dit-il. Dès que Huang-po se tint sur ses jambes, il frappa le chef d'équipe.

Binant la terre, Lin-chi dit : "Partout ailleurs les morts sont brûlés, mais ici je les enterre vivants sur le champ."

Plus tard, Kuei-shan demanda à Yang-shan à quoi pensait Huang-po en frappant le chef d'équipe.

"Le vrai voleur s'échappe, et son poursuivant est frappé", répondit Yang-shan.

Le Zen au Japon

Au VIe siècle, le bouddhisme Zen a été introduit au Japon à partir de la Corée. Il y a trouvé au début peu de conditions favorables pour son développement, qui a pris plusieurs siècles.

La société japonaise était gouvernée par une classe aristocratique décadente, peu intéressée par les austérités du Zen. Quelques siècles plus tard, les chefs de la nouvelle classe militaire ont déplacé leur capitale à Kamakura, une ville isolée proche de l'actuel Tokyo, donnant son nom à l'époque concernée (1185-1333). Le bouddhisme Zen a commencé à s'épanouir soutenu par le *shogun* (grand seigneur militaire) et les *daimyo* (seigneurs vassaux). Certains des principes de base du bouddhisme Zen – l'accent mis sur l'auto-formation rigoureuse pour atteindre l'illumination et l'abandon des liens avec les choses matérielles – ont été facilement acceptés par la classe militaire, et le Zen a prospéré.

Les écoles Sôtô et Rinzai

Durant la dynastie Tang en Chine, plusieurs grands maîtres ont fondé leurs propres écoles Chan. Pendant la période Kamakura, ces écoles de pensée se sont fait connaître au Japon grâce à deux moines : Eisai (1141-1215) fondateur de l'école Rinzai, et Dôgen (1200-1253), fondateur de l'école Sôtô. Rinzai (nom japonais de Lin-chi) et Sôtô (nom japonais de Ts'ao-tung) sont toujours les plus populaires dans le Japon actuel. Le Zen Rinzai met l'accent sur la pratique *koan* et l'illumination "brusque", tandis que le Zen Sôtô promeut la méditation assise (*zazen*) et l'illumination progressive, bien que les deux écoles se servent des mêmes techniques.

En 1194, Eisai bâtit le premier temple Zen du Japon à Katata : le Shofukuji, qui existe encore. Il s'installa plus tard à Kyoto, où il mit les bases réelles de l'école Rinzai. En 1236, Dôgen fonda son propre temple au Japon – sa réputation et stature en tant que maître religieux s'accrurent. On le révère aujourd'hui comme l'une des grandes figures historiques du Japon.

Après leur introduction au Japon, les écoles Sôtô et Rinzai se sont développées indépendamment durant presque 700 ans. Entre le XIIIe et le XVe siècles, les monastères bouddhiques (surtout Rinzai) ont joué un rôle majeur dans la vie culturelle et spirituelle du Japon. Les moines Zen – par leur pratique austère et leur accent sur le non-attachement – ont apporté une nouvelle esthétique aux arts, à l'architecture, à la cuisine et aux arts martiaux. Les moines Zen expérimentés étaient très appréciés à la cour et dans les cercles militaires. Les quartiers des abbés étaient des lieux d'enseignement et d'échange culturel. Un système indigène de "guerrier Zen", avec son propre *koan*, est né. L'influence du Zen s'est ainsi répandue dans l'ensemble de la société médiévale japonaise.

À gauche

Une collection de statues du Bouddha (*sekibutsu*) des temples de la région de Kyoto a été réunie pour créer ce monument dans le temple Sentaijizo, Mibudera, Kyoto.

CONCEPTS

essentiels

On dit que le Bouddha était rayonnant, charismatique, gentil et – plus que tout – compatissant. Son message était extrêmement pratique, il montrait la voie conduisant en un lieu situé au-delà des souffrances de l'existence, où on peut mener une vie altruiste, compatissante et sage.

Les Quatre nobles vérités

Les enseignements de Bouddha sont basés sur l'idée que pour atteindre le bonheur, l'harmonie et apaiser l'esprit il faut accepter les Quatre nobles vérités.

Être associé à ce que vous n'aimez pas est dukkha (souffrance), être séparé de ce que vous aimez est dukkha, ne pas obtenir ce que vous voulez est dukkha. Bref, les habitudes compulsives du corps et du mental sont dukkha.
Shakyamuni Bouddha

Pendant toute sa vie, le Bouddha a utilisé cet outil fondamental pour enseigner :

1 La vie est caractérisée par la souffrance (la vie ordinaire est inadéquate, incomplète et insatisfaisante).

2 La souffrance a une cause (la souffrance naît de notre désir que la vie soit différente de ce qu'elle est).

3 La souffrance a une fin (pour arrêter la souffrance il faut éliminer les désirs).

4 Le moyen de mettre un terme à la souffrance est de suivre l'Octuple sentier.

Une leçon pratique
L'enseignement de Bouddha était pragmatique, direct et adapté aux besoins de ses adeptes. Celui-

La Première vérité
Le point de départ du bouddhisme est une vérité existentielle, non pas une métaphysique. Au début, la Première vérité paraît un message des plus déprimants, mais une fois qu'elle a été reconnue comme un état effectivement universel – non pas spécifique à une personne ou résultat d'un accident ou d'une punition – les enseignements offrent une porte de sortie.

La Seconde vérité
La cause de la souffrance est l'envie, le désir ou l'attachement. Le problème est que nous désirons toujours quelque chose : nous voulons ce que nous n'avons pas ou ce à quoi nous devons renoncer. Nous sommes persuadés que poursuivre ce que nous désirons apportera la satisfaction.

La Troisième vérité

Cette vérité nous dit que la paix – nirvana (littéralement "être éteint", "avoir assez", "être satisfait") – est possible. C'est une vérité essentielle : la paix de l'esprit s'installe.

La Quatrième vérité

Prépare la voie pour atteindre cette paix essentielle de l'esprit : l'Octuple sentier *(voir page 34)*, représentant huit aspects de la vie qui, s'ils sont cultivés, l'amèneront.

ci ne perd jamais de vue les profondeurs de la confusion dans laquelle est plongée la majeure partie de l'humanité et aide ses adeptes à surmonter leurs difficultés.

Lorsqu'une femme dont le bébé venait de mourir chercha consolation et compréhension de la raison de cet affreux événement, le Bouddha lui dit qu'il l'aiderait si elle lui apportait d'abord une graine de moutarde provenant d'une maison qui n'avait pas connu la souffrance. Elle alla de maison en maison, mais n'en trouva aucune qui n'ait pas connu la souffrance. Elle revient alors à Bouddha, qui lui dit :

Ma sœur, tu as trouvé,
Cherchant ce que nul ne trouve, ce baume amer
Que j'ai dû te donner. Celui qui tendrement dormait
Mort sur ton sein hier ; aujourd'hui
Tu sais que le monde entier pleure
Avec ton malheur.

L'Octuple sentier

Quand on a demandé au Bouddha d'expliquer la sérénité, la patience et la gaieté de ses disciples, il a répondu : *Ils ne regrettent pas le passé, ni ne s'appesantissent sur l'avenir. Ils vivent dans le présent ; ils sont donc rayonnants.*

Cet état de l'être, enseigne le Bouddha, naît de la compréhension des Quatre nobles vérités et du respect de l'Octuple sentier. Celui-ci consiste dans la culture de huit aspects fondamentaux de la vie (chaque étape accentuée par le terme "juste") :

1. Vision ou compréhension du monde juste
2. Pensée ou aspiration juste
3. Parole juste
4. Action juste
5. Mode de vie juste
6. Effort juste
7. Attention ou prise de conscience juste
8. Concentration ou méditation juste

Dans ce contexte, le terme "juste" ne désigne pas le bien en tant que contraire du mal, mais le fait de "vivre en accord avec la réalité" – autrement dit, avec vertu et sagesse, d'une manière altruiste. La voie Zen enseigne que la sagesse naturelle inhérente à chaque être, qui permet de vivre conformément à l'Octuple sentier, vient de l'attention cultivée à travers la méditation (*zazen*).

Gudo Nishijina Roshi (*roshi* est le terme désignant un maître Zen) décrit ainsi ce processus :

Ces huit sentiers justes plongent leurs racines dans l'équilibre atteint à travers *zazen* – c'est-à-dire l'harmonie entre activité et passivité, entre tension et relaxation, entre raison et déraison.

Dans l'iconographie bouddhique, la roue à huit rayons symbolise l'Octuple sentier. Les rayons illustrent la façon dont chacun des huit aspects soutient les autres – et est à son tour soutenu par eux. Le sentier est circulaire, non pas linéaire. Les bouddhistes s'efforcent de cultiver et de suivre l'Octuple sentier tous les jours. Ils espèrent développer ainsi la paix dans le monde.

Vers la fin de sa vie, on dit que le Bouddha a modifié comme suit l'accent placé sur les trois premières étapes de l'Octuple sentier :

1. Désire peu.
2. Sache comment être satisfait.
3. Profite de la paix et de la tranquillité.

Shakyamuni Bouddha prônait :
Ne te base pas sur ce que tu as entendu, sur la coutume, sur la rumeur, sur l'écrit, sur l'inférence, sur les principes établis, sur le raisonnement astucieux ou sur une théorie préférée. Ne sois pas convaincu par l'intelligence apparente d'autrui, ni par le respect pour ton maître… Quand tu sais ce qui est mal, fou et indigne et ce qui te fait mal et te mécontente, abandonne-le… Et quand tu sais ce qui est juste, développe-le.

La Voie du milieu

L'Octuple sentier est la Voie du milieu de Bouddha. L'école bouddhique Theravada affirme que la compréhension apportée par cette Voie du milieu, de même que la façon de se conduire sur l'Octuple sentier, est d'éviter tous les extrêmes. Expliquant cela à ses adeptes, le Bouddha dit :

> Moines, il y a là deux extrêmes que le pratiquant doit éviter. L'un est l'attachement aux plaisirs sensuels, qui est ordinaire, commun, matériel, indigne et dépourvu de bénéfice. L'autre est l'attachement à la mortification de soi, qui est douloureuse, indigne et dépourvue de bénéfice. Pour éviter ces deux extrêmes, j'ai réalisé une Voie du milieu qui engendre intuition et savoir, et qui conduit à la sérénité, au savoir supérieur, à l'illumination totale et au nirvana.
>
> Quelle est donc cette Voie du milieu que j'ai réalisée…? C'est l'Octuple sentier lui-même.

Dans la tradition Zen, un accent différent est placé sur la Voie du milieu, bien que l'intention de développer la compassion pour soi-même et pour les autres reste pareille à travers sa pratique. Pour le Zen, la Voie du milieu est une synthèse entre la vacuité (l'absolu) et la forme (les formes physiques de toutes les structures et choses vivantes) ; ce n'est pas un compromis entre des contraires, mais une voie transcendant leurs limitations.

1. Vision ou compréhension du monde juste
On voit la vie telle qu'elle est, sans excès d'optimisme ou de pessimisme.

2. Pensée ou aspiration juste
Concerne les pensées et les projets venant d'une vision juste du monde – ni trop idéalistes et abstraits ni trop bassement matérialistes.

3. Discours juste
Pas de mensonges, mais dans un sens plus profond des "mots aimables" : un discours en harmonie avec celui qui parle et celui qui écoute.

4. Action juste
Toujours appropriée pour la situation, sans être indûment influencée par nos humeurs ou lubies passagères.

5. Mode de vie juste
Le choix juste des moyens de gagner sa vie.

6. Effort juste
Le travail induit par l'harmonie intérieure et l'équilibre intérieur.

7. Attention ou prise de conscience juste
Le mental paisible et non perturbé.

8. Concentration ou méditation juste
Il ne faut être ni trop serré ni trop lâche, ni trop tendu ni trop relaxé.

Les préceptes

Les préceptes sont considérés comme l'âme de la pratique bouddhiste. Dans la tradition Zen, les termes "Zen" et "précepte" sont synonymes.

Les préceptes sont la manifestation de la nature de Bouddha et le Zen est la réalisation et la pratique de ce fait. Dans l'école Zen, les préceptes ne sont pas tenus simplement pour un code moral, mais pour l'expression directe de notre vraie nature.

Les préceptes ont pour source les 247 règles initiales qui gouvernaient la vie des moines theravada et les quelque 400 règles des nonnes. Ces règles ont été modifiées lors de l'arrivée du bouddhisme en Chine ; dans les monastères Zen plus tardifs du Japon, elles sont devenues 16 préceptes. Il s'agit des Trois refuges (fondés sur les Trois trésors), qui ont donné naissance aux Trois préceptes purs qui, à leur tour, ont été à la base des Dix préceptes graves.

Les laïques et les moines (dans le Zen, on se réfère souvent aux nonnes en les appelant moines) perçoivent l'étude des préceptes et leur représentation dans la vie quotidienne comme le travail de toute une vie. Même dans la pratique orthodoxe du *koan*, les préceptes sont étudiés après plusieurs années de formation, quand l'expérience et l'intuition du pratiquant permettent à celui-ci de les assimiler réellement.

Les Trois refuges sont compris dans les Trois trésors. Le Premier trésor se réfère à Shakyamuni, le fondateur historique du bouddhisme, mais aussi à tous les grands maîtres des diverses lignées bouddhiques et aux nombreux laïques, moines et nonnes qui ont réalisé leur vraie nature. Le Second trésor est le Dharma, terme sanskrit pour "loi". Il désigne les enseignements du Bouddha et l'ensemble du corpus littéraire bouddhique, mais dans la tradition Zen il se réfère surtout à la vraie nature de l'homme et de l'univers, "en même temps vide et débordant d'êtres et de choses". Le Troisième trésor, la Sangha, est la communauté bouddhiste – laïque ou monastique, ou un amalgame des deux. La Sangha concerne aussi la relation harmonieuse de tous les êtres dotés de sensibilité. Pour devenir bouddhiste, il est traditionnel de se réfugier dans les Trois trésors.

Les Trois refuges (les Trois trésors)
1. Je me réfugie en Bouddha.
2. Je me réfugie en Dharma.
3. Je me réfugie en Sangha.

1. *"Je me réfugie en Bouddha"*
Cela ne veut pas dire adorer Bouddha. Pour véritablement saisir ce précepte, on a besoin de comprendre ce que signifie le mot "Bouddha" : être "éveillé" de ses illusions auto-créées à propos de la vie. Quand ce fait devient clair, on s'y réfugie et on essaye de vivre là. Dans un sens absolu, Bouddha est cette immense vacuité, l'inconnu qui englobe notre vie sans perdre un moment, sans que rien ne manque.

2. "Je me réfugie en Dharma"

On se réfugie dans les enseignements du Bouddha, basés en essence sur les paroles prononcées par celui-ci lors de son éveil : "Moi, tous les êtres vivants, la grande terre, atteignons simultanément la voie". Autrement dit, notre vie inclut la vie de tout le reste – ma vie, la vôtre, celle de la ville, les plantes, les créatures, et ainsi de suite. Cette idée est démontrée par l'analogie du filet d'Indra, un filet tridimensionnel s'étendant à l'infini à travers l'espace et le temps. Sur chaque nœud est placé un joyau à multiples facettes qui reflète l'interdépendance mutuelle de toutes les choses. Par exemple, si quelqu'un éternue en Chine, une tornade risque de se produire au Kansas. De la même façon que nous affectons notre environnement, celui-ci nous affecte. Se réfugier en Dharma, c'est réaliser que l'ensemble de l'univers est son propre corps.

3. "Je me réfugie en Sangha"

Ce précepte signifie pratiquer ensemble. Le sens original du terme "Sangha" était forêt. Dans une forêt, si le vent est fort, les arbres forment un écran de protection qui bénéficiera à tous. Dans un environnement bouddhique nous nous encourageons réciproquement – quand une personne est enthousiaste, tous en bénéficient, quand cette personne fait des efforts, on l'encourage. À un niveau plus profond, la Sangha représente ceux qui vivent dans l'immense vacuité (le refuge de Bouddha), et perçoivent l'interrelation de toutes les choses (le refuge du Dharma), harmonisant ces deux perspectives et passant en apparence de l'une à l'autre.

Les Trois préceptes purs
1. Cesse de faire le mal.
2. Fais seulement le bien.
3. Fais du bien aux autres.

1. "Cesse de faire le mal"

Maître Dogen a commenté ce précepte : "C'est la source même des lois et des règles de tous les Bouddhas." Ce précepte dit de cesser de causer des problèmes, à soi-même et aux autres, en agissant à partir de désirs égoïstes. À un niveau plus profond, arrêter le mal c'est réaliser sa vraie nature et ne pas la dissimuler derrière des impulsions et des habitudes égoïstes.

2. "Fais seulement le bien"

Fais seulement des actions qui bénéficient au monde.

3. "Fais du bien aux autres"

Vois ta vie et celle des autres comme une seule et même chose, et agis d'une manière qui honore cette compréhension.

Les préceptes

Les dix préceptes graves

1 Je fais le serment de m'abstenir de tuer.

2 Je fais le serment de ne pas voler.

3 Je fais le serment de m'abstenir de l'inconduite sexuelle et de la cupidité sexuelle.

4 Je fais le serment de ne pas mentir.

5 Je fais le serment de ne pas me laisser griser et de ne pas rester ignorant.

6 Je fais le serment de m'abstenir de parler des erreurs et des fautes d'autrui.

7 Je fais le serment de m'abstenir de me porter moi-même aux nues tout en blâmant les autres.

8 Je fais le serment de m'abstenir de me montrer pingre, particulièrement avec le Dharma.

9 Je fais le serment de m'abstenir de me laisser aller à la colère et à la haine.

10 Je fais le serment de m'abstenir de mal parler du Bouddha, du Dharma et de la Sangha.

Les préceptes

Les Dix préceptes graves nous offrent des indications quant à la façon de diriger notre vie quotidienne ; ils nous donnent une idée de la façon dont doit se comporter une personne illuminée.

*Sa propre nature est incroyablement merveilleuse
Dans le Dharma non différencié.
Sans parler de soi et d'autrui,
C'est le précepte qui dit de s'abstenir de se porter soi-même aux nues et de blâmer les autres.*
Bodhidharma

D'un point de vue Zen, ce ne sont pas des commandements (dans le sens chrétien du terme). Leur désobéir n'est pas un péché, mais un acte d'ignorance. Ces préceptes désignent la voie vers la découverte de sa propre nature de Bouddha.

Philip Kapleau Roshi (célèbre maître Zen occidental) compare les Dix préceptes graves à un échafaudage : ils sont nécessaires à l'érection d'une grande structure, mais sont démontés lorsque l'immeuble est achevé. L'illuminé ne les suit donc pas en toute conscience, mais spontanément et naturellement, en résultat de la réalisation plénière de sa propre nature de Bouddha. C'est sous cet angle que le Zen est décrit probablement comme étant "au-dessus de la moralité". Philip Kapleau Roshi dit :

Le Zen transcende la moralité, mais sans l'exclure. Pour le dire d'une façon plus Zen, "le Zen est au-dessus de la moralité, mais la moralité n'est pas en dessous du Zen." Les mortels connaissent la différence entre le bien et le mal, ou pensent la connaître, mais ils ne savent pas qui pense avec justesse ou qui est dans l'erreur. Une telle compréhension profonde exige habituellement entraînement et éveil.

La lettre du Zen Mountain Centre écrit :

La famille est un laboratoire particulièrement bon pour travailler sur les préceptes et renoncer aux attachements. Chaque jour pose des défis nouveaux et inattendus, nous faisant apprécier cette vie de bien de manières différentes.

"Je fais le serment de ne pas voler"

Un disciple a été surpris à voler et ses camarades ont demandé au maître Bankei de l'expulser de la communauté. Le maître a ignoré la requête, mais l'élève a volé de nouveau. Les autres ont rédigé une pétition demandant son expulsion, affirmant qu'ils quitteraient tous les lieux dans le cas contraire. Bankei les a rassemblés : "Vous êtes sages, mes amis. Vous connaissez la différence entre le bien et le mal. Vous pouvez aller ailleurs pour étudier, mais ce pauvre type – qui lui enseignera si je ne le fais pas ? Je dois le garder comme élève, même si vous tous partez." Le disciple qui avait volé éclata en sanglots et ne vola plus jamais.

*Pour suivre la Voie, ne repoussez rien –
même pas les expériences et les pensées sensuelles.
En fait, les accepter complètement est illumination.*
Seng-T'San (décédé en 606)

*Mes détracteurs sont en vérité de bons amis,
car si je suis serein et si j'accepte,
le pouvoir de l'amour et l'humilité,
nés de Celui à venir, grandissent en moi.*
Yung-Chia Ta-Shih (665-713)

Les Trois sceaux dharma de l'excellence

Selon la vision bouddhique, les Trois sceaux du Dharma marquent les trois traits les plus importants de l'expérience de vie et peuvent aussi être appelés les Trois caractéristiques de la vie.

Où il y a la beauté, il y a la laideur.
Quand une chose est juste, une autre est injuste.
Le savoir et l'ignorance dépendent l'un de l'autre.
L'illusion et l'illumination se conditionnent mutuellement.
Depuis le commencement, c'est ainsi.
Comment cela pourrait-il changer maintenant ?
Rejeter une chose et s'accrocher à l'autre est bête.
On doit toujours faire face à tout ce qui change constamment, même si on dit que tout est merveilleux.

Ryôkan (1758–1831)

Les Trois sceaux dharma de l'excellence
1. Caractère éphémère.
2. Souffrance.
3. Absence du moi (et vacuité).

Le Bouddha prône qu'à travers l'étude on est conduit à une appréciation honnête et courageuse de la vie telle qu'elle est – une vie qui ne dépend pas de l'attachement à aucune série précise d'idées et de valeurs.

1. *Caractère éphémère*

Le caractère éphémère caractérise tout ce qui nous entoure. Dans le sens le plus personnel, nous naissons, vieillissons et mourons. Chaque fête merveilleuse aura une fin, les situations difficiles évoluent, passent et, parfois, s'améliorent. La famille et les amis vieillissent et disparaissent, des bébés naissent, on se fait de nouveaux amis – même les montagnes finissent par s'éroder. Aucun moment de la vie n'est pareil à celui qui l'a précédé. C'est la vraie nature de la vie. Si nous l'acceptons, nous avons une chance de trouver la paix. Si nous la refusons, nous aspirerons éternellement à quelque chose d'inaccessible. En voyant la réalité de ce caractère éphémère, nous nous épargnons beaucoup d'énergie et de chagrin dans notre quête incessante de sécurité durable. Le bouddhisme désigne cette quête par le terme *samsara*, la roue de l'existence. Le passé s'en est allé, l'avenir n'est pas encore arrivé : on ne peut dépendre que des moments éphémères qui se suivent et ne s'arrêtent jamais.

2. *Souffrance*

En traversant la vie, on éprouve de la souffrance pour toutes sortes de raisons : déficit ou excès de nourriture ou de chaleur, douleur physique, mentale ou émotionnelle, méprise sur la nature éphémère de la vie, envie excessive d'une chose qu'on ne peut pas avoir et, plus que tout, désirs insatisfaits. Les chansons populaires expriment souvent cet aspect de notre nature et offrent une grande leçon sur l'éphémère et la souffrance. "Je croyais que tu m'aimerais pour toujours" et "Je t'ai donné mon cœur et tu l'as piétiné" sont, sous une forme ou une autre, des refrains récurrents. La souffrance, sa cause et sa cure sont présentées dans la section des Quatre nobles vérités *(voir page 32)*.

3. *Absence de moi (et vacuité)*

Quand on commence la pratique Zen, on se pose la question : "Qui suis-je ?" Des centaines de réponses existent en apparence : "Je suis David". À un niveau plus profond, cela ne satisfait pas, si bien qu'on tente d'établir son identité en parlant de ce qu'on fait : "Je suis écrivain", etc. Pourtant, on n'est toujours pas satisfait. On ne peut pas résumer ce qu'est ce "soi". Le maître Zen Rinzai disait : "Il y a un homme humble entrant dans les trous de votre visage et y sortant. Si vous ne l'avez pas encore vu, regardez, regardez." D'un point de vue Zen, la façon de percevoir ce non-soi est d'abandonner ses idées et de s'immerger dans l'expérience.

Un vieux maître conseillait : "Videz d'abord la coupe, pour qu'on puisse la remplir." Comme l'aurait dit Yasutani Roshi : "Soyez comme une feuille vierge de papier sur laquelle on peut écrire n'importe quoi." Voilà l'homme humble, voilà le non-soi. C'est la réalisation qu'il n'y a pas d'entité déterminée qu'on appelle "soi". Il n'y a là qu'un espace illimité, infini, libre. Selon Genpo Roshi :

> Cet espace, appelé aussi "vacuité" ou *sunyata*, n'est pas un simple vide, il est réel et complet. C'est la source d'où viennent toutes les choses et où elles reviennent. On ne peut pas le voir, le toucher ou le connaître, et pourtant il existe en tant que "soi", librement utilisé par chacun, à tout moment des 24 heures. Il n'a pas de forme, de couleur, de taille et pourtant il est tout ce qu'on voit, entend, perçoit et touche.

Karma

Le terme karma s'est largement répandu et la plupart des gens comprennent ce qu'il implique. Les maximes populaires du genre *"la boucle est bouclée"* et *"qui vit par l'épée, périra par l'épée"*, véhiculent le même message et expriment le sens collectif de la vérité du karma.

Certaines actions considérées comme mauvaises par les générations passées ne comportent maintenant rien de mal pour nous. Des siècles passeront avant que la façon de se comporter soit claire. C'est insensé de vouloir une approbation immédiate.
Zengetsu

Dans une perspective Zen, l'important est que le karma se génère en ce moment même, en tant que loi universelle de la cause et de l'effet. Nous sommes l'effet de causes des temps immémoriaux et ce que nous faisons maintenant affecte à l'infini l'avenir. Le seul point où nous sommes capables d'effectuer un changement est le moment présent. Donc, si nous désirons vivre dans un monde compatissant, nous devons faire nous-mêmes preuve de compassion. Chacun porte la responsabilité individuelle pour le bien ou le mal collectif.

On connaît deux types de karma : le *karma prédestiné* (on naît homme ou femme) et le *karma variable* (comme l'état de notre santé, sur lequel nous avons un certain contrôle). On connaît aussi trois périodes du karma :

1. *Le karma instantané*
Par exemple, vous volez, vous êtes pris, vous payez la pénalité. C'est le meilleur karma, puisque vous en payez le prix immédiatement, sans qu'il pèse sur votre esprit.

2. *Le karma de la période intermédiaire*
Vous volez et vous vous en tirez initialement en mentant. Vous devez mentir encore plus pour couvrir le premier mensonge. Vous vivez avec la culpabilité de vos actions. Finalement, vous êtes découvert.

3. *Le karma à long terme*
Vous faites une mauvaise action sans être pris. Vous ne confessez jamais cet acte et parfois mourez sans en avoir accepté la responsabilité. Ce type de karma influencera toute votre vie et même les vies des générations suivantes.

Les exemples donnés ici concernent les mauvaises actions mais, bien entendu, le même est valable pour les bonnes actions, qui ont des résultats karmiques positifs.

À un niveau personnel, toutes les actions et les pensées – bonnes ou mauvaises – affectent la façon dont nous percevons notre vie, dont les autres réagissent à notre égard et dont nous continuerons à agir et à réfléchir. Comme une peinture à l'huile, l'image de notre vie est constituée de traits de pinceau de couleurs différentes – chaque trait représentant une pensée ou une action. Le portrait achevé est notre responsabilité, de même que l'image parfaite de notre état karmique.

Se libérer du karma n'est pas se libérer des

résultats des actions passées, mais être capable d'accepter sans discrimination sa destinée individuelle. Si on était effectivement capable d'accepter totalement et sans jugement les événements de sa vie, le karma n'aurait plus de pouvoir. L'histoire de Hakuin, un moine Zen qui a vécu en ermite, en est un exemple.

Hakuin était admiré pour sa vie pure, jusqu'à ce qu'une jeune paysanne tombe enceinte et prétende qu'il était le père. Les villageois en colère lui présentèrent le bébé et lui dirent qu'il devait s'en occuper, vu que c'était son enfant. Hakuin répliqua : "Ah, bon ?", prit le bébé et s'en occupa. Une année plus tard, la fille confessa que le père était un garçon du village et les villageois honteux se rendirent chez Hakuin pour reprendre l'enfant. Hakuin dit : "Ah, bon ?" et leur rendit l'enfant.

Un élève du Zen
Marche dans le Zen et s'assoit dans le Zen.
Parlant et agissant,
Ou silencieux et immobile,
Il est toujours en paix.
Il sourit devant le bourreau.
Il reste serein,
Même au moment de la mort.
Yoka Daishi

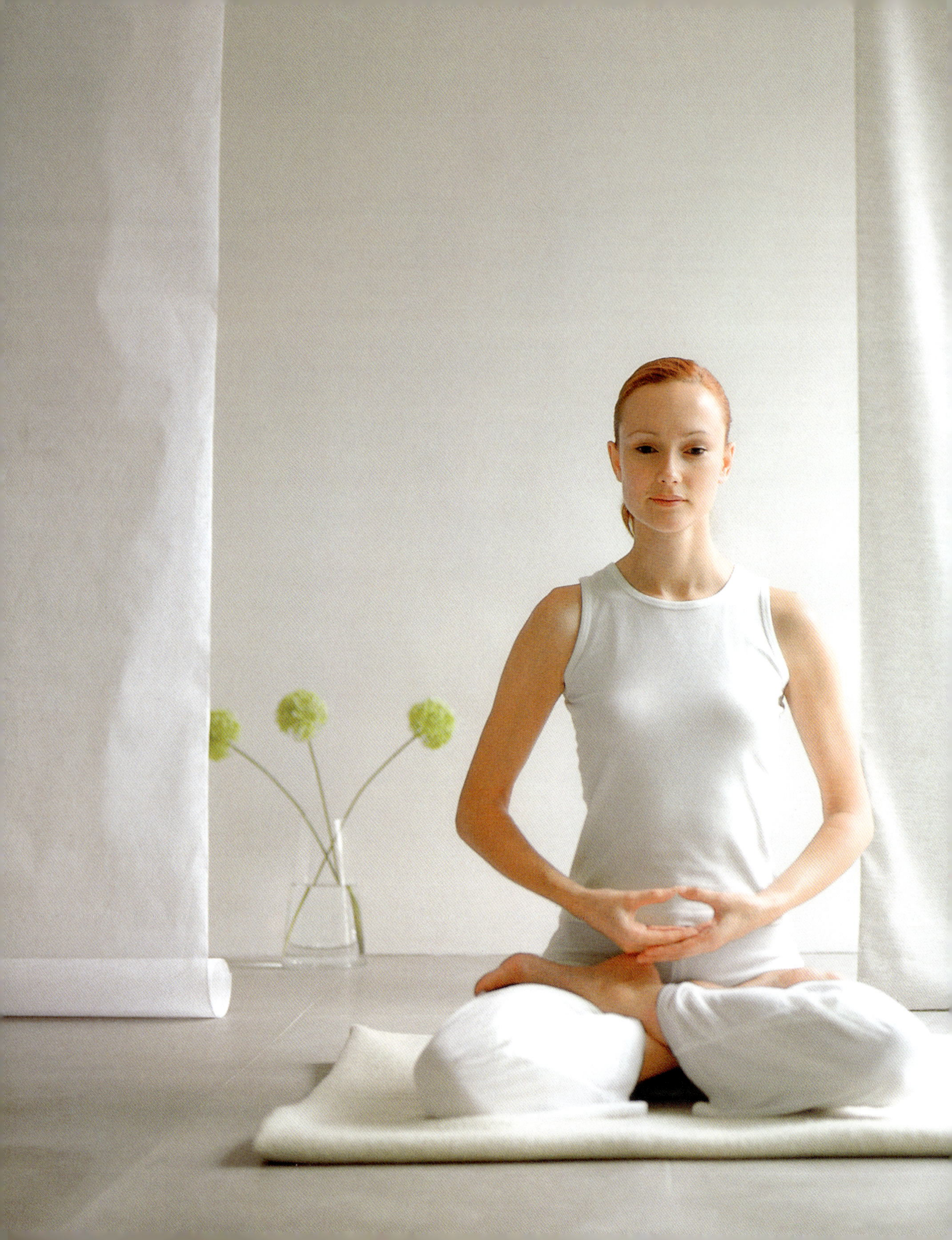

Comment pratiquer le ZEN

L'expérience Zen pragmatique nous dit que le meilleur chemin pour développer une plus grande tranquillité, clarté et conscience de soi est de s'asseoir en la posture de méditation, de rester ainsi en silence et de laisser monter sa sagesse innée. Ce processus est facilité si on arrive à concentrer le mental sur un événement du moment présent.

Méditation et attention

Les adeptes du bouddhisme Zen pensent que la paix et la clarté mentales sont atteintes grâce à la méditation.

Asseyez-vous à l'aise pour méditer et pensez à ne pas penser. Comment fait-on cela ? En n'y pensant pas. Voilà l'art du zazen.
Eihei Dôgen (1200-1253)

Notre mental est rempli d'un courant continu de pensées, idées et émotions indisciplinées – particulièrement si l'anxiété, la colère, la culpabilité, le vide ou l'ennui nous perturbent. Le bon sens et l'instinct disent que si nous continuons à réfléchir ou prendre une quelconque mesure externe, nous trouverons une solution pratique à nos problèmes. Cependant, le Zen affirme que ces objectifs seront atteints à travers la méditation et l'attention.

La pratique de base du Zen utilise l'inspiration et l'expiration comme un point d'ancrage *(voir page 58)*. L'intention n'est pas de méditer sur un thème ou un objet particulier, ni de s'efforcer d'atteindre un état de conscience élevé, mais de rester assis dans une bonne posture en suivant son souffle, sans que le mental soit fixé sur une idée ou une chose. Si une pensée envahit votre mental, acceptez-la en silence avec le mot "penser" et, dès que vous réalisez ce qui se passe, revenez à la respiration.

Les techniques Rinzai et Sôtô

Outre la respiration, la tradition Zen se sert de deux autres techniques de base pour concentrer le mental sur le moment présent. La pratique *koan* *(voir page 62)* est préférée par l'école Rinzai, la *shikantaza,* méditation attentive, est la principale pratique de l'école Sôtô.

Shikantaza est l'expérience de l'observation moment après moment, sans jugement ou commentaire intérieur, du patchwork d'idées, souvenirs et histoires qui surgissent sans cesse dans le mental. On laisse aller et venir les pensées, comme des nuages passant dans le ciel. Ce "rien hormis être assis avec conscience" est une pratique difficile, qui n'est pas entreprise sans une bonne formation à la méditation avec conscience du souffle. Si vous travaillez avec des gens tout en vous sentant distant ou même détaché d'eux, vous éprouverez le contentement du sentiment de juste "exister" au moment où vous avez compris ce fait. Si vous pouvez gérer chaque moment dès qu'il apparaît, la vie devient plus libre – elle devient un art. Vous aurez ainsi l'occasion de vivre pleinement, de donner vie à ce que vous faites.

Si vous perdez le fil au début, ralentissez, reculez d'une étape, prenez quelques profondes respirations et voyez exactement ce qui se passe. Vous pouvez vérifier ainsi l'attention que vous accordez à ce que vous faites et le degré auquel vous suivez de vieilles habitudes et pensées. Grâce à ce type de pratique, vous vous concentrerez davantage, vous serez moins effrayé et plus ouvert aux différentes approches de la vie.

En faisant attention, on peut commencer à comprendre et à apprécier plus la vie. Le mental se calme et est moins influencé par des concepts et des attentes. Si on s'immerge pleinement dans chaque moment, il reste peu de place pour l'insatisfaction.

Votre mental est comme la mer. Lorsque le vent se lève, il y a de très grandes vagues. Quand le vent s'apaise, les vagues deviennent de plus en plus petites, jusqu'à ce que la mer prenne l'apparence d'un miroir lisse. Alors les montagnes, les arbres et toutes les choses se reflètent sur la surface de la mer. Il y a maintenant dans votre mental de nombreuses pensées-vagues. Si vous continuez à pratiquer le je-ne-sais-pas mental, ces pensées diminueront progressivement, pour finir par disparaître. Quand le mental devient clair, il est comme un miroir : le rouge apparaît et le miroir est rouge, le jaune apparaît et le miroir est jaune, une montagne apparaît et le miroir est une montagne. Le mental est la montagne ; la montagne est le mental. Ils sont inséparables. Il est donc très important de n'être attaché ni à la pensée ni à l'absence de pensée. On ne doit être troublé par rien de ce qui se passe dans le mental. On ne s'inquiète pas et on garde le je-ne-sais-pas mental.

Maître Zen Seung Sahn, *Dropping Ashes on the Buddha*

Méditation Zen (*zazen*)

Dans toutes les écoles Zen, le véritable point de mire de la pratique est la méditation assise (appelée *zazen*).

Le moment est venu d'être prêt pour les expériences qui rendent la vie satisfaisante. Suivez les conseils pour les débutants. Placez le tapis zazen quelque part entre votre salle de bains et votre cuisine. Asseyez-vous là le matin, après votre toilette et avant de préparer le petit-déjeuner. Vous serez assis avec le monde entier. Si vous ne pouvez rester assis que peu de temps, vous aurez au moins posé les bases de votre journée.

Robert Aitken, *Encouraging Words*

En général, l'école Zen Rinzai place l'accent sur l'étude *koan* comme pratique menant à l'illumination, tandis que l'école Sôtô se concentre sur la pratique en tant qu'illumination et ne recourt pas à l'étude *koan*. Certaines écoles utilisent les méthodes d'enseignement des deux traditions, Sôtô et Rinzai. Le maître peut demander à un élève de s'intéresser davantage à une pratique particulière, plus appropriée pour lui.

Le *zazen* permet de s'éloigner des activités extérieures, de tourner son attention vers l'intérieur et de faire face à soi-même. Il ne concerne pas l'aboutissement à un état quelconque de conscience, mais la découverte de soi-même et de sa vie. Une fois assis au *zazen*, en ayant assumé sa meilleure posture, on garde le silence. Si la pratique exige de compter les souffles *(voir page 58)*, on le fait. Les personnes "assises" pour la première fois de leur vie seront étonnées par la façon dont l'activité constante de leur mental interrompt ce qui semble initialement une tâche simple : se concentrer sur la respiration. Cette activité mentale est normale. C'est un phénomène dont tout le monde fait l'expérience au début. Cependant, le mental et le corps sont interdépendants – on découvre que le *zazen* dans la posture correcte favorise le ralentissement de la circulation des pensées. Avec de la pratique, on peut arriver à être conscient de ses pensées au lieu de se "perdre" en elles. Lors de cette étape, on les observe et on les laisse aller, revenant à chaque fois à la respiration.

À travers le verre dépoli

Les lignes suivantes, extraites d'un discours du maître Zen Hakuun Yasutani, expliquent métaphoriquement l'importance d'une pratique *zazen* régulière :

> Voilà un carreau de verre dépoli. Nous vivons de ce côté-ci, qui est le monde dualiste. Derrière le verre il y a un monde qu'on pourrait appeler moniste, le monde de l'unité. Puisque nous vivons dans ce monde dualiste, nous sommes confrontés à beaucoup de confusion. Suite à notre concentration, à notre *zazen*, nous pouvons aboutir à l'expérience *satori*, même si celle-ci est superficielle. Nous pouvons comparer cette expérience superficielle à une infime tache sur ce verre dépoli, qui devient transparent. Nous sommes capables de voir l'unité à travers cette petite tache. Il se peut que nous soyons extrêmement surpris par le paysage, mais nous ne serons plus trompés par la dualité. Néanmoins, si nous ne continuons pas notre *zazen*, même si nous voyons l'unité à travers cette infime tache, le verre redeviendra dépoli et seul le souvenir restera. Ce souvenir est encore vivant en nous, mais ce n'est plus qu'un souvenir – il n'est plus un fait.
>
> La pratique constante du *zazen* élargira cette tache transparente sur le verre dépoli. Plus nous pratiquons le *zazen*, plus la tache s'agrandira. L'illumination de Bouddha est un cercle complet, tandis qu'à présent la nôtre n'a que la taille d'un ongle.

Pour expliquer le but du *zazen*, Mumon Yamada Roshi a dit :

> Pour trouver le joyau, on doit apaiser les vagues ; si l'eau est agitée, il est difficile à trouver. Là où les eaux de la méditation sont claires et calmes, le mental-joyau sera visible. Si on fait tomber un joyau dans une mare, beaucoup de gens y plongeront. Ils agiteront l'eau au point que celle-ci sera trop boueuse pour mettre la main sur autre chose que des pierres. L'homme sage attendra que l'eau se calme, pour que le joyau brille et soit ainsi visible. La discipline Zen est pareille. Plus vous tentez de connaître les principes Zen en lisant des livres, plus vous vous éloignez de la nature de Bouddha. Par contre, si vous essayez d'arriver à une prise de conscience en restant assis sans vous poser de questions, le joyau de la nature de Bouddha commencera à briller et vous saisirez le moi réel que vous cherchiez.

Où et quand pratiquer

Un grand avantage du *zazen* est qu'il n'exige pas un grand espace. Choisissez un endroit tranquille pour vous asseoir et pratiquez chaque jour à la même heure.

Les conditions pour le *zazen*, citées par le maître Dôgen (1200-1253) dans le *Shôbôgenzô*, sont :

1. *Les endroits tranquilles sont les meilleurs.*
2. *Le vent ou la fumée sont indésirables.*
3. *Les endroits sombres ne conviennent pas : un éclairage moyen parfait.*
4. *La température doit être confortable, chaude en hiver et fraîche en été.*

Un endroit pour s'asseoir

Si possible, choisissez un endroit où vous ne serrez pas dérangé. Gardez la zone très propre et utilisez la même place à chaque fois que vous pratiquez le *zazen*. La pièce doit être chaude en hiver et fraîche en été. Elle ne doit être ni trop sombre ni trop claire – préférez la lumière naturelle quand cela est possible. Le but est de maintenir la continuité, de sorte qu'à chaque fois que vous pénétrez dans la zone réservée au *zazen*, l'installation et la fragrance (si vous utilisez de l'encens) soient les mêmes. Vous associez ainsi la pratique *zazen* à cet environnement et vous apaisez plus vite.

Le moment de la pratique

Il est préférable de pratiquer *zazen* à la même heure tous les jours, les meilleurs moments étant le matin de bonne heure, le midi, le début de la soirée et avant le coucher. Si vous n'avez de temps que pour une séance, choisissez le matin. Si vous pouvez pratiquer deux fois par jour, le matin et le coucher conviendront. Pour commencer, 15 à 20 minutes suffisent. Allez progressivement jusqu'à 30 minutes et 1 heure, selon vos possibilités. La posture est décrite aux pages 52 à 57. Pour commencer, utilisez une chaise. Souvenez-vous que la façon la plus rapide d'arriver à une posture que vous pourriez maintenir pendant une durée raisonnable est de persévérer. Cependant, pour le débutant, le mot clé est modération.

Pratique avancée

En Occident, le Zen est principalement un mouvement laïque. Pour les personnes désirant poursuivre leur vie normale dans la société tout en suivant simultanément la voie Zen, la consécration résolue à l'atteinte de l'illumination doit laisser la place à une pratique plus variée, où s'entrelacent l'enseignement Zen habituel et les exigences de la vie ordinaire. Nous pouvons alors tester notre capacité à faire entrer le Zen dans la vie quotidienne et à ramener les expériences de la vie sur le tapis de méditation.

Ceux qui décident de pratiquer régulièrement le *zazen* constatent souvent que celui-ci développe une dynamique qui lui est propre – ils sont attirés par les occasions de pratiquer plus longtemps et plus fréquemment. D'autres fois, ils rencontrent certaines difficultés en rapport avec la pratique et ont besoin de conseils. Dans ce cas, il vaut mieux chercher un maître et/ou un groupe Zen pour pratiquer et obtenir des informations sur les retraites de méditation (*sesshin*).

Rituels et équipement

Pour vous asseoir et respirer sans entraves, les vêtements larges sont essentiels. Certaines personnes aiment suivre des rituels simples en méditant.

Dans un groupe Zen, les vêtements sombres (de préférence noirs) sont conseillés, car les couleurs éclatantes risquent de distraire les autres. Quels qu'ils soient, les vêtements doivent être propres et nets.

Coussins

On utilise un coussin ferme, placé sur une couverture pliée posée sur le plancher, si celui-ci est dur, ou sur le tapis. Les moines Zen s'asseyent sur de petits coussins ronds noirs, appelés *zafu*, placés sur un tapis noir, le *zabuton* (1 m sur 1 m). Le *zafu* a un diamètre d'environ 38 cm et est épais de 5 à 10 cm. Certains utilisent deux *zafu*, ou le surélèvent en le plaçant sur un autre coussin ou sur une couverture pliée. On peut également utiliser une chaise basse de méditation (disponible dans les centres de yoga) ou une chaise *(voir page 52)*.

Rituels

Nombre de personnes aiment créer un rituel autour de leur méditation en allumant de l'encens (le cèdre et le pin sont les plus utilisés dans les centres Zen), en faisant sonner une clochette au début et à la fin de leur pratique. Répétés régulièrement, ces rituels agissent comme un déclencheur conduisant plus rapidement le mental à la contemplation. On peut aussi aménager un petit autel avec des fleurs ou d'autres offrandes, plus une image du Bouddha ou la photo d'une personne douée des qualités qu'on admire ou auxquelles on aspire. Dans la tradition Zen, la compassion et la sagesse sont deux attributs hautement respectés.

Posture

La méditation est au centre de la pratique Zen ; un grand accent est placé sur la posture assise correcte.

Ces formes ne sont pas le moyen d'arriver à l'état mental juste. Assumer cette posture, c'est être dans l'état mental correct. On n'a pas besoin d'arriver à un quelconque état mental particulier.
Shihryu Suzuk (1905-1971)

Une bonne posture favorise l'apaisement du mental et du corps, si bien qu'on peut rester assis longtemps. Au premier abord, même la meilleure posture que vous achèverez risque de s'avérer inconfortable après une période relativement courte. Avec patience et engagement, vous arriverez en peu de temps à une posture de méditation forte, qui aide à calmer la respiration et focalise la conscience.

Les postures décrites ici augmentent progressivement la stabilité et l'équilibre, contribuant à une bonne pratique. Commencez par la première posture et avancez jusqu'à la cinquième. L'idéal est de s'asseoir de manière à ce que le corps soit parfaitement droit, comme si on tirait une ligne verticale à travers le centre du front, du nez, du menton, de la gorge et du nombril. Pour ce faire, essayez de pousser la taille en avant et de ressortir l'abdomen. Dans cette position, le poids du corps est concentré sur le ventre ou sur la partie inférieure de l'abdomen, le point de mire de la respiration et de la concentration *zazen*. Gardez les yeux mi-fermés, concentrés sur le sol à 1 ou 2 m devant vous. Certaines écoles Zen laissent les yeux fermés (malgré le danger de s'assoupir).

1 Utiliser une chaise

Cette posture est conçue pour les gens souffrant d'une raideur due au manque d'exercice ou à l'âge. Asseyez-vous devant un mur blanc, sur une chaise dont la hauteur vous permet de poser fermement les pieds sur le sol. Si vous êtes grand, adaptez votre hauteur avec des coussins fermes. Si vous êtes petit, placez une planche épaisse sous vos pieds. Gardez le dos droit, les épaules tombées et la tête redressée (pas raide), comme si un fil reliait votre tête au plafond.

posture • 53

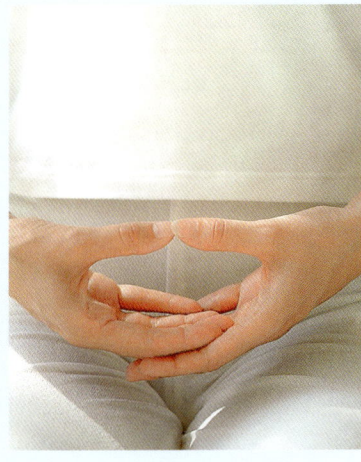

Position des mains
Reposez les mains dans votre giron : la main droite sur la gauche, les paumes tournées vers le haut, le bout des pouces se touchant et formant une ligne parallèle à vos doigts.

2 S'agenouiller
Pour les quatre postures suivantes, vous avez besoin d'une couverture pliée d'environ 1 m sur 1 m et d'un coussin ferme. C'est la posture la plus facile pour les débutants. Agenouillez-vous sur la couverture, de sorte que votre poids repose sur les genoux et sur les tibias, les fesses posées sur le coussin. Les genoux et les fesses doivent former un triangle. La tête, les épaules et les mains restent dans la même position que pour la première posture.

3 Position birmane

Cette posture est très populaire parmi les adeptes occidentaux du Zen. Croisez les jambes, les pieds à plat sur la couverture. Vos fesses reposent sur le premier tiers du coussin, presque sur sa moitié. Les genoux touchent la couverture ; si vous n'y arrivez pas, placez un deuxième coussin sous vous ou un petit coussin sous le genou qui ressort (ou sous les genoux). Il est important d'être assis sur une base ferme, formée par le triangle des genoux et de vos fesses. La tête, les épaules et les mains restent dans la même position que celle pour la première posture.

4 Position en demi-lotus

Asseyez-vous les jambes croisées, le pied gauche sous la cuisse droite et le pied droit sur la cuisse gauche, ou vice-versa. Les deux variantes sont également efficaces. La tête, les épaules et les mains restent dans la même position que celle pour la première posture. Cette posture est assez difficile pour le débutant.

Position du lotus

Asseyez-vous les jambes croisées, le pied gauche sur la cuisse droite et le pied droit sur la cuisse gauche. La tête, les épaules et les mains restent dans la même position que celle pour la première posture. Le lotus est la meilleure et la plus solide posture assise, puisqu'elle forme un triangle parfait entre les genoux et les fesses, générant ainsi une grande stabilité. Mais, c'est aussi la posture la plus difficile à prendre, généralement impossible pour le débutant (et même pour nombre d'adeptes avancés). Ne vous inquiétez pas si vous n'y arrivez pas – la plupart des gens ne réussissent pas non plus !

Comment s'asseoir (liste du *zazen*)

Suivez cette liste pour vous assurer que vous êtes assis correctement.

1 Asseyez-vous sur le premier tiers d'une chaise ou d'un coussin.

2 Disposez vos jambes dans une posture que vous pouvez maintenir aisément *(voir pages 53 à 55)*. Vous pouvez aussi vous asseoir les jambes rapprochées du corps, en vous assurant que le poids est également distribué sur trois points : vos deux genoux (sur le sol) et vos fesses (sur un coussin). Si vous utilisez une chaise, écartez les genoux de la largeur des épaules, les pieds fermement posés sur le sol.

3 Redressez et allongez la colonne vertébrale, la maintenant droite et centrez votre équilibre dans la partie inférieure de l'abdomen. Détendez-vous, ouvrez la poitrine et penchez légèrement le menton, gardant la tête droite. Faites osciller doucement votre corps de gauche à droite, jusqu'à ce que vous atteigniez naturellement un point où vous restez immobile sur votre coussin.

4 Fixez le regard sur le plancher à environ 1 ou 2 m devant votre corps, les yeux de préférence mi-ouverts. Si vos yeux se ferment, vous risquez de vous mettre à rêvasser ou à visualiser des choses. Toutefois, si vous préférez fermer les yeux, le procédé est acceptable.

5 Gardez les lèvres et les dents serrées, la langue reposant contre le palais.

6 Placez les mains dans votre giron *(voir page 53)*, le bout des pouces joints, formant un ovale avec vos doigts. C'est le *moudra* du *zazen*, dans lequel toutes les choses sont unifiées. Placez le côté de vos auriculaires contre l'abdomen, quelques centimètres en dessous du nombril, harmonisant votre centre de gravité grâce à ce moudra.

7 Prenez quelques souffles profonds, en expirant à fond. Laissez le souffle établir son rythme naturel. Une posture correcte fera circuler automatiquement le souffle dans la partie inférieure de l'abdomen.

8 Restez calme et concentrez-vous sur le souffle. Quand l'attention s'égare, ramenez-la à votre souffle – autant de fois que nécessaire !

9 Soyez pleinement présent. Faites de votre mieux. À la fin de votre pratique *zazen*, faites osciller doucement votre corps de droite à gauche. Étirez vos jambes avant de vous lever.

10 Pratiquez tous les jours de 10 à 15 minutes (ou plus) et vous découvrirez les trésors de la vie.

Ce n'est pas pour profiter personnellement ou pour devenir célèbre qu'on prend soin des choses, qu'on se consacre à son travail, qu'on aime ceux qu'on rencontre ou qu'on montre son intérêt pour les problèmes sociaux. Je m'occupe de ma vie – je prends soin du monde comme s'il était ma vie – moment après moment et dans chaque situation Je permets à la fleur de ma vie de s'épanouir, œuvrant uniquement pour que la lumière du Bouddha puisse briller.

Dans ce sens, le but de la vie quotidienne des pratiquants du *zazen* ainsi que l'objectif de la vie en général est d'effectuer l'activité de Bouddha avec le monde entier et tous les êtres vivants. Grâce au *zazen*, nous faisons nôtre ce vœu.

Kosho Uchiyama, *Réalités du Zen*

comment s'asseoir • 57

Comment respirer

La plupart des traditions bouddhiques utilisent la conscience de la respiration pour point focal de la méditation.

Notre souffle est le pont entre notre corps et notre mental, l'élément qui les réconcilie et qui rend possible leur unité. Le souffle est aligné autant avec le corps qu'avec le mental et lui seul est l'outil capable de les réunir, de les illuminer et d'amener la paix et le calme.

Thich Nhat Hanh, *The Miracle of Mindfulness*

Le Zen met l'accent sur l'état naturel, et durant la méditation la respiration n'est modifiée en aucune façon. La pratique consiste simplement à observer le souffle et à compter les inspirations et les expirations. Ce comptage, utilisé par les débutants, n'est nullement une technique facile ou qui incite à avancer rapidement. S'asseoir dans le *zazen* et compter les souffles est une pratique à part entière, qui exige une attention totale. Elle est efficace, ses résultats sont subtils. Beaucoup de pratiquants expérimentés l'utilisent pour se concentrer de nouveau.

Compter les respirations

Après vous être installé dans une posture confortable, focalisez votre attention en comptant vos respirations. Pour commencer, comptez les inspirations et les expirations : en inspirant, comptez 1, en expirant comptez 2. Ne comptez pas à voix haute. Ne tentez pas de contrôler votre souffle – laissez-le tel quel, contentez-vous de l'encourager, même s'il vous semble tendu et superficiel.

En comptant, quelques pensées émergeront immanquablement. Si vous remarquez que vous avez arrêté de compter les souffles, recommencez immédiatement. Si vous réussissez à atteindre 10 sans qu'une pensée interfère, revenez à 1 et recommencez. Faites de même si vous avez compté au-delà de 10. Ne soyez pas surpris s'il vous faut beaucoup de pratique avant de pouvoir vous concentrer uniquement sur votre respiration. Avec une certaine expérience, vous pourrez compter uniquement les expirations.

Des semaines, des mois ou des années passeront pour la plupart des gens avant qu'ils puissent compter jusqu'à 10 sans qu'une pensée s'interpose. C'est assez naturel, car on est en train de développer sa capacité d'être totalement présent dans le moment. Le sentiment de n'avoir rien à faire est malaisé, et notre mental essaye de combler la brèche avec une extraordinaire diversité de pensées. Progressivement, toutefois, on réussit à rester assis pendant des périodes de plus en plus longues.

La porte battante

L'extrait suivant de Shunryu Suzuki, maître Zen japonais contemporain, auteur de *The Meditative Way*, clarifie de belle manière la relation entre le souffle, le monde et notre sens du moi :

> Quand on pratique le *zazen*, son mental suit toujours sa respiration. Quand on inspire, l'air entre dans le monde intérieur. Quand on expire, l'air sort dans le monde extérieur. Le monde intérieur est illimité, tout comme le monde extérieur. On dit "monde intérieur" ou "monde extérieur", mais en fait il n'y a qu'un seul monde. Dans ce monde illimité, la gorge est pareille à une porte battante. L'air entre et sort comme une personne passant à travers une porte battante. Si on pense "je respire", le "je" est superflu. On n'a pas besoin de dire "je". Ce qu'on appelle "je" est juste une porte battante qui bouge quand on inspire et expire. Elle ne fait que bouger ; c'est tout. Quand le mental est pur et assez calme pour suivre ce mouvement, il n'y a rien là : pas de "je", pas de monde, pas de mental ni de corps, juste une porte battante.

Et Jakusho Kwong écrit dans *Zen in America* :

> La respiration tranchera la réflexion car pour respirer on doit lâcher prise. Le pouvoir du souffle est plus fort que le mental qui fait des discriminations. La méthode du comptage de la respiration est un moyen d'occuper le mental, de sorte à ce qu'il ne vous occupe pas. Même si on dit "un, deux, trois", la séquence est en réalité unique. Elle ne dépend pas de la mémoire ou de la conscience. Même si elle paraît linéaire, cette répétition devient un mantra et libère ainsi le mental séquentiel. Chaque fois que vous expirez, l'expiration est compassion. C'est le souffle du don ou du lâcher prise. Inspirer, c'est recevoir. C'est comme la naissance et la mort. Inspirer, c'est renaître. C'est dire je suis capable d'accepter la vie.

Pensées fugaces

À chaque fois que vous pratiquez le *zazen*, vous constaterez que des pensées apparaissent. C'est normal et inévitable. La solution est de les observer, de les laisser passer et de revenir à votre respiration.

Après avoir adapté votre posture, vous devez régulariser votre respiration. Si une pensée apparaît, soyez-en conscient ; en étant devenu conscient, laissez-la passer. Après une longue pratique, vous oublierez les objets extérieurs et vous vous concentrerez naturellement sur un seul but. Voilà l'art de la méditation assise (zazen), la porte du Dharma vers une grande paix et joie.
Shunryu Suzuki (1905-1971)

Ne vous laissez pas piéger par vos pensées, car vous risquez de vous embarquer dans une longue suite de réflexions qui invalidera le temps passé au *zazen*. De même, ne tentez pas de supprimer vos pensées (de toute façon, c'est pratiquement impossible). Observez-les sans les juger et laissez-les passer comme des nuages dans le ciel. Évitez les pensées et les images intentionnelles – laissez aller toutes les idées sur le sens de la vie, le travail, la famille, la politique, etc.

Les questions difficiles continueront cependant de surgir. Dans ce cas, laissez-les suivre leur cours et faites l'expérience des émotions qu'elles éveillent en vous. Avec de la pratique, vous deviendrez plus apte à affronter, à accepter, puis à relâcher ces conflits intérieurs douloureux et à revenir à chaque fois à la respiration. Avec le temps, les tensions intérieures sont relâchées, le mental devient paisible et un sentiment d'espace intérieur apparaît.

Il est intéressant de noter que le *zazen* n'est pas limité – c'est une activité incessante d'épanouissement personnel, identique pour les personnes expérimentées et pour les débutants. Maître Dôgen affirmait dans son traité *Shôbôgenzô* :

Le zazen effectué par un débutant est également l'expérience entière de la vérité fondamentale.

Un autre maître Zen prônait :

Quand on pratique le zazen, on entre immédiatement dans le même état corporel et mental que Gautama Bouddha. Dans ce sens, il n'y a pas de différence entre les hommes expérimentés et les débutants.

Bassui Tokusho, un maître Zen japonais du XIVe siècle, s'adressait ainsi à son assemblée :

Le mental est intrinsèquement pur. À la naissance, il n'est pas créé, lors de la mort, il ne périt pas. Il ne distingue pas entre masculin et féminin, pas plus qu'il n'a de couleur... Pourtant, d'innombrables pensées naissent de cette... nature, comme les vagues naissent sur l'océan.

Et citons une fois de plus Dôgen :

... il n'y a pas du tout là de question d'intelligence ou de bêtise, ni de différence entre les esprits alertes et bornés. S'exercer résolument [au zazen], c'est pratiquer la voie. La pratique et l'épanouissement ne laissent aucune trace d'impureté et la personne qui avance sur la Voie est une personne ordinaire.

Développer la conscience

Un événement significatif qui éclaire la pratique du disciple du Zen est le *kensho* (voir dans sa nature de Bouddha) ou le *satori* (l'éveil).

Ces réalisations ne sont pas l'illumination, mais posent les bases des aperçus plus subtils. Un précurseur essentiel de l'expérience *kensho* est le développement du *joriki* (conscience concentrée, *samadhi* en sanscrit). Le *joriki* est développé sur le *zafu* en effectuant *zazen*, en gardant une bonne posture et en se concentrant sur le comptage des souffles, en pratiquant *shikantaza* ou en réfléchissant sur un *koan*. De cette façon, on porte l'attention sur l'appréciation de chaque moment d'expérience. En restant immobile, le mental peut se calmer et la conscience s'étendre au-delà des intérêts étroits de l'ego ; on éprouve ainsi un peu de l'harmonie originelle entre le mental, le corps et la nature. En détendant la prise sur les opinions du mental et les tensions du corps, cette conscience s'aiguise, tandis que le souffle se calme et devient plus profond. Avec le temps, on développe un fort sentiment de paix intérieure et de pouvoir intérieur.

Ouvrir les yeux

La relation entre *joriki* et *kensho* est joliment expliquée dans le passage suivant d'un discours de Genpo Merzel Roshi :

> Lorsque le pouvoir du *samadhi* est assez fort et lorsqu'on devient vraiment stable, quand on est totalement installé dans la respiration, le mental et le corps, alors tout événement inattendu – le chant d'un oiseau, un coucher de soleil, une fleur, un regard, se faire mal à un orteil ou recevoir un coup de bâton – peut ouvrir les yeux lorsqu'on est prêt. Une fois que l'œil du Prajna [sagesse] est entièrement ouvert, il ne pourra plus jamais se fermer. Jusque-là, il tend à se fermer comme l'obturateur d'un appareil photo. Quand il s'ouvre un peu, on a un aperçu de sa vraie nature, de l'essence du mental, de l'aspect fondamental du soi. On voit alors tous les dharmas [phénomènes] comme un seul, toutes les choses comme un corps ; on réalise l'interdépendance de toutes les choses.

L'étude *koan*

Le système *koan* est la méthode d'enseignement unique et traditionnelle de l'école du bouddhisme Zen Rinzai (et parfois de l'école Sôtô).

Les *koans* sont des affirmations apparemment cryptiques ou des histoires paradoxales, nées de rencontres historiques (réelles) entre les maîtres Zen et leurs adeptes, ou d'épisodes de l'histoire bouddhique. Les maîtres posent à leurs disciples les questions ou leur présentent les problèmes mis en lumière par chaque récit, afin de tester leur formation. Avec le temps, ces rencontres et leurs problèmes associés ont été systématisés dans des collections *koan* telles que le *Mumonkan* et le *Hekiganroku*.

Le *koan* permet au maître de tester la compréhension du Zen du disciple, non pas celle intellectuelle, mais celle appliquée à sa propre vie. Agissant comme un catalyseur, le *koan* confrontera le disciple à un défi, dont la résolution prendra une immense importance personnelle. Hakuin (aussi appelé Ekaku, 1686-1769) disait :

> Si vous vous attaquez sans répit à un *koan*, vos pensées mourront et les exigences de votre ego seront détruites. C'est comme si la pensée était un vaste abysse s'ouvrant devant vous, sans place pour poser les mains et les pieds. Vous affrontez la mort, et votre cœur a l'impression d'être en feu. Puis, brusquement, vous ne faites plus qu'un avec le *koan*, le corps et le mental lâchent prise... On appelle cela voir dans sa propre nature. Vous devez avancer implacablement et, avec l'aide de cette grande concentration, vous aboutirez certainement à la source infinie de votre propre nature.

La réalisation suscitée par la résolution d'un *koan* varie d'un aperçu du véritable moi au *dai-kensho* (Grand éveil). Toutefois, la réalisation mûrit d'habitude avec le temps, que le maître mette le disciple au travail sur plusieurs *koans* ou sur un seul, car aucun ne peut être compris à fond.

La vraie étude *koan* n'est possible que sous la direction d'un maître ayant achevé cette formation rigoureuse. Le choix et l'étude manquant de discernement des *koans* inciteront probablement le disciple sans maître à s'arrêter sur une solution très superficielle (sinon conceptuelle). Par exemple, en lisant le *koan* : *"Quel était votre Visage originel avant la naissance de vos parents ?"* beaucoup de gens supposeront qu'il s'agit là d'imaginer comment ils se sentaient avant leur naissance et s'embarqueront dans toutes sortes de visualisations pour tenter de se souvenir de cette expérience. L'erreur de ce type d'approche subsistera si le disciple ne suit pas l'enseignement d'un maître.

Pour apprécier un *koan*, le disciple doit vivre vraiment avec celui-ci – ou, comme le dit Hakuin, *"devenir un avec lui"*. Au début, ce procédé paraîtra artificiel, mais par une pratique résolue, le disciple commencera à montrer de l'empathie pour le problème représenté par le *koan*. Celui-ci révèle des perspectives nouvelles et différentes dans la pratique du Zen, rendant plus profonde et plus claire la compréhension du disciple.

Nansen, "Le mental ordinaire est la Voie"

Joshu demanda à Nansen : "Quelle est la Voie ?" "Le mental ordinaire est la Voie", répliqua Nansen. "Dois-je essayer de la chercher ?" demanda Joshu. "Si tu essayes, tu seras séparé d'elle", répondit Nansen. "Comment est-ce que je peux trouver la Voie si je n'essaye pas ?" persista Joshu. Nansen lui dit : "La Voie n'est pas une question de savoir ou de ne pas savoir. La connaissance est illusion ; ne pas savoir est confusion. Quand vous avez abouti sans aucun doute à la vraie Voie, vous la trouverez aussi vaste et illimitée que l'espace. Comment pourrait-on en parler sur le plan du bien et du mal ?" Ces paroles apportèrent à Joshu une brusque réalisation.

Kyōugen, "L'homme dans l'arbre"

Kyōugen Osho a dit : "C'est comme un homme juché dans un arbre, accroché à une branche avec sa bouche ; ses mains n'attrapent pas de rameau, ses pieds ne reposent sur rien. Quelqu'un passe sous l'arbre et lui demande quel est le sens de l'arrivée par l'ouest de Bodhidharma. S'il ne dit rien, il ne répond pas à la question. S'il répond, il perdra la vie. Que feriez-vous dans une telle situation ?"

Sixième patriarche, "Votre mental bouge"

Le vent faisait battre le drapeau d'un temple, et deux moines ont commencé à discuter. L'un disait que le drapeau bougeait, l'autre que le vent bougeait ; ils discutèrent ainsi sans pouvoir arriver à une conclusion. Le Sixième patriarche dit : "Ce n'est pas le vent qui bouge, ce n'est pas le drapeau qui bouge, c'est votre mental qui bouge."
Les deux moines furent stupéfaits.

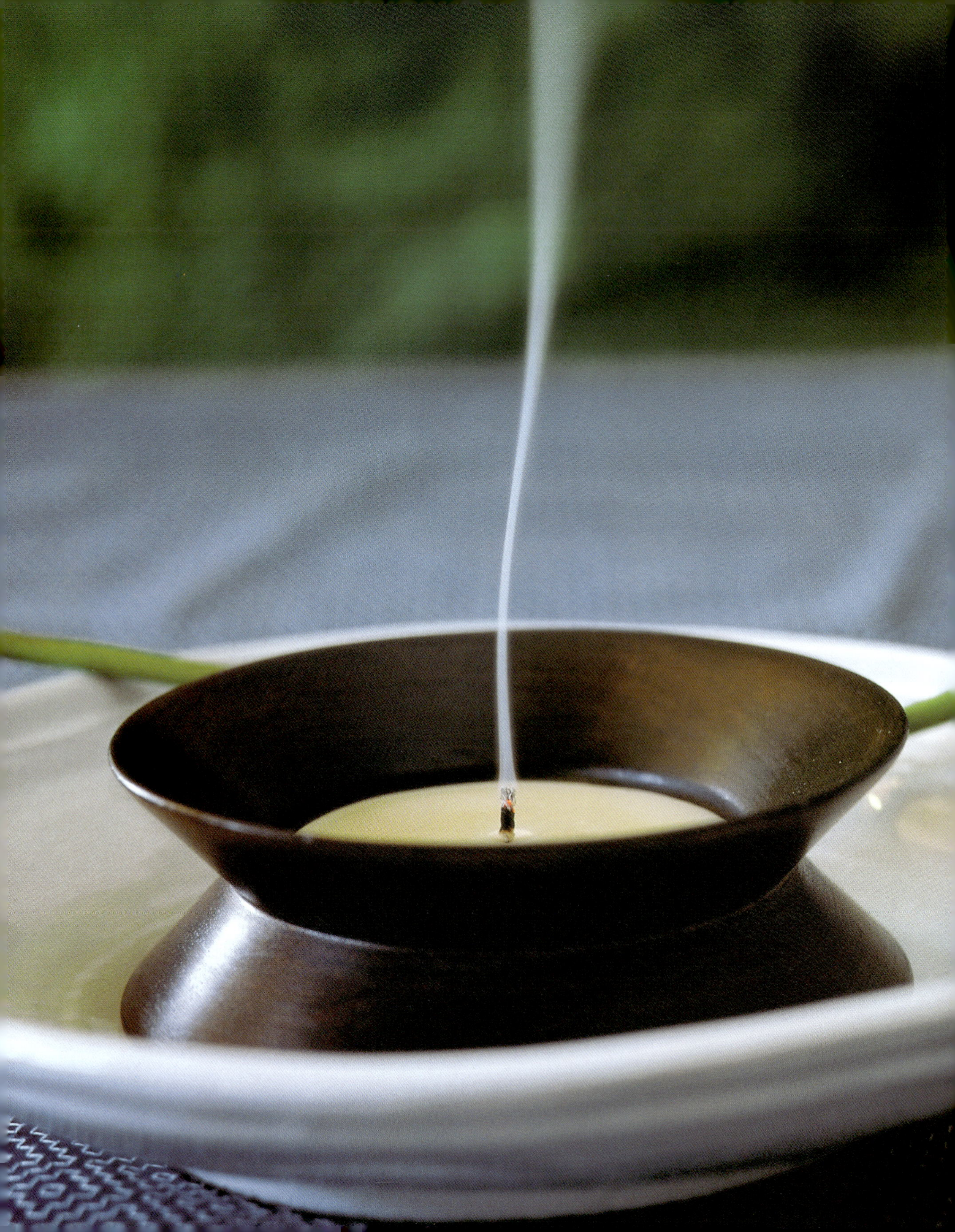

PRATIQUE
quotidienne

Le Zen, tradition pragmatique fondée sur une approche pratique de la vie, prône de vivre pleinement, moment après moment. Il célèbre la vie telle qu'elle est au jour le jour. Le Zen n'est pas une évasion de la réalité quotidienne, mais une complète acceptation de celle-ci, où on choisit chaque aspect de la vie : les douleurs et les plaisirs, les limitations et les libertés.

La pratique Zen dans la vie quotidienne

Suivre la voie Zen n'est pas facile, car il faut de la ténacité, de la discipline, de la foi et – plus que tout – de la pratique.

Elle est maintenant juste là
Commencez à y réfléchir
Et vous la manquerez.
Huang-Po (décédé en 850)

Dans la tradition Zen, cela ne veut pas dire expert à l'avenir, mais pratiquer avec attention dans le moment présent. On pratique maintes fois, revenant au moment présent, appréciant la vie telle qu'elle est exactement là où on se trouve. C'est comme prendre une boisson qui vous plaît : vous ne vous inquiétez pas de devenir un connaisseur, vous vous contentez de boire. Cependant, si ce faisant vous rêvassez à autre chose, vous oubliez le plaisir de la boisson. En concentrant votre attention sur le moment présent, vous commencerez à apprécier plus la vie, la rendant ainsi plus importante.

Dans l'idéal, la pratique quotidienne est une prolongation de la méditation assise. Il est important de comprendre les similitudes entre le *zazen* et la méditation active. Dans les deux cas, la conscience continue d'être présente, et on perçoit les sensations corporelles et l'activité mentale. Quand on se relève du coussin de méditation, la conscience se comporte pratiquement de la même manière que lorsqu'on était assis. Dans la pratique Zen, la méditation assise est juste un élément d'une méditation sans faille de 24 heures. La façon dont on choisit de se comporter dans le monde en tant qu'adepte du Zen dépendra des circonstances, de la personnalité, des intuitions et de la sagesse qu'on est capable de développer. L'Octuple sentier *(voir page 34)*, les préceptes *(voir page 36)*, l'idéal du *bodhisattva (voir page 67)* et le travail avec les émotions *(voir page 69)* constituent de bons points de départ.

Le maître Ikkyu conseillait aux étudiants du Zen d'apprendre d'abord à lire les lettres d'amour de la neige, du vent et de la pluie, avant d'entreprendre l'étude intellectuelle des textes bouddhiques.

L'idéal du bodhisattva

L'idéal du bodhisattva est généré quand un adepte Zen se consacre à l'illumination de tous les êtres doués de sensibilité.

Quelques siècles après la mort de Bouddha, le bouddhisme comprenait deux courants traditionnels significatifs, le Theravada et le Mahayana. L'école Theravada s'est dirigée vers le sud à travers Ceylan, la Birmanie et la Thaïlande, tandis que l'école Mahayana – dont le Zen est une ramification – est allée vers le nord à travers la Chine, la Corée, le Japon et le Tibet.

La tradition Mahayana est caractérisée par l'idéal bodhisattva : l'individu se consacre non seulement à sa propre illumination, mais aussi à l'illumination de tous les êtres doués de sensibilité. En termes laïques, la vie d'un bodhisattva (littéralement "celui dont l'essence est illuminée") est consacrée au bien-être d'autrui. La voie du bodhisattva est incarnée par les Quatre vœux du Mahayana, entonnés quotidiennement dans tous les monastères Zen et les endroits où on pratique le Zen (voir page 77).

De plus, les Six perfections (voir encadré en bas à gauche) représentent tous les aspects notables de la vie. En leur consacrant du temps, de l'énergie et de l'argent, nous pouvons laisser aller nos soucis et contribuer au bien-être des autres. Sans autodiscipline, il est difficile d'atteindre nos buts. La pratique de la patience nous aide à apprécier la vie moment après moment. En pratiquant avec énergie, on arrive à effacer les obstacles de notre personnalité et de notre monde qui limitent le bodhisattva. Grâce à la méditation, on peut aboutir à l'illusion d'un moi distinct. Et nos semblables bénéficieront de la manifestation de la sagesse naturelle. La pratique des Six perfections nous permet donc de faire l'expérience de notre liberté innée.

L'histoire suivante incarne l'idéal du bodhisattva : Au XIIe siècle, pendant une famine, une femme est venue au temple du maître Esai pour mendier de la nourriture. Le maître lui a dit que le temple avait à peine de quoi nourrir les moines, si bien qu'il ne pouvait lui donner ni aliments ni l'argent.

Maître Esai se sentait mal à l'aise : il se creusa la cervelle pour trouver quelque chose à donner à cette femme. Finalement, il se rappela que le temple avait une vieille image de Bouddha recouverte de quelques feuilles d'or. Il les donna donc à la femme, en sachant que l'or lui achèterait de la nourriture pour trois semaines. Le trésorier assista à la transaction, puis vint voir maître Esai : "Ne savez-vous pas que vous irez en enfer pour cette action" [voler la sangha]. Maître Esai dit : "Je sais, et je prendrai plaisir à chacune de ces minutes."

Les Six perfections

C'est l'enseignement fondamental de la tradition Mahayana, les qualités que ceux désirant suivre la voie du bodhisattva aspirent à incarner dans leur vie quotidienne.

1. Générosité
2. Discipline
3. Patience
4. Énergie
5. Méditation
6. Sagesse

Désir

Le désir, tel que nous le connaissons, est la force qui dirige la vie – une force qui peut soit emprisonner, soit libérer. Il est essentiel pour la pratique Zen de comprendre le désir et la direction où il mène.

Quelqu'un a demandé à Maezumi Roshi,
"Je désire trop. Que devrais-je faire ?"
Maezumi Roshi (1931-1995) répliqua,
"Tu ne veux pas assez. Tu devrais
désirer sauver le monde entier."

Avant de commencer à pratiquer, nous pensons d'habitude que nous serons satisfaits en courant après l'objet de nos désirs : une nouvelle voiture ou maison, une meilleure nourriture, un ou plusieurs partenaires plus séduisants, plus de pouvoir. Après avoir réalisé que la nouvelle voiture ou le nouveau partenaire a perdu son attrait et que le pouvoir supplémentaire a amené d'autres responsabilités, nous sommes de nouveau insatisfaits et repartons en chasse d'accomplissement, meilleur, différent, ou se trouvant dans de plus verts pâturages.

Quelque part en route, ce cycle finit par ennuyer (processus appelé *samsara* ou roue de l'existence dans le bouddhisme). On est parti en quête de quelque chose qui apportera une satisfaction plus durable, peut-être même le nirvana, ou la paix. On doit cependant remarquer que cela implique toujours notre vieil ami, le désir. Au début, on cherche les pièges de la religion – robes, livres, coussins de méditation, croyances, statut – pourtant cela ne satisfait toujours pas son désir ; on a simplement transféré son désir sur le royaume spirituel et le matérialisme spirituel développé. Pour avancer à partir de cette place, il faut affiner son approche.

Maintenant, au lieu d'agir sur le désir, on essaye de le ressentir et de déterminer quelle sensation il laisse. Finalement, on commence à apprendre comment utiliser le désir d'une façon qui n'entrave pas.

Canaliser le désir

Les désirs les plus courants concernent la nourriture, le sexe, le sommeil, l'argent et le pouvoir. Si on n'a pas envie de nourriture, on meurt. Sans le désir pour le sexe, il n'y aurait pas de race humaine. Privé de sommeil, on perd l'esprit. L'argent et le pouvoir permettent à la société de fonctionner. Fondamentalement, il n'y a rien de mal avec le désir ; on doit juste apprendre à l'utiliser avec savoir-faire sans qu'il soit exaucé à volonté.

En concentrant le désir sur les choses qui satisfont réellement, on aboutit au contentement. Appliqué à la pratique spirituelle, le désir est un remarquable outil : le désir d'illumination ou de paix peut être satisfait grâce à la pratique et, au-delà de l'illumination, le désir aide à rendre la vie plus claire. L'histoire du bouvier *(voir pages 12 à 17)* est une merveilleuse description du processus de canalisation du désir.

Émotions (colère, jalousie, peur et ennui)

Nous avons des émotions et, en fonction de notre culture, éducation, sexe et situation, les manières d'accepter ces émotions et de les exprimer varient naturellement.

Le disciple préféré d'un maître Zen venait de mourir. Au service funéraire, le maître pleurait à gros sanglots. Son servant, perturbé, lui demanda :
"Tu es un grand maître Zen, tu es censé être libéré des attachements. Pourquoi pleures-tu ?"
Le maître répliqua : "Si je ne pleure pas maintenant, quand est-ce que je vais pleurer ?"

La tendance actuelle dicte toutefois, de s'éloigner de ses émotions, de leur préférer les activités de remplacement, par exemple regarder la télévision. Cependant, si un événement traumatisant se produit, il est naturel de ressentir la tristesse et le chagrin. Plus l'expérience est proche de sa vie, plus on la ressent intimement. Cette tristesse écarte la frustration et la perte, et permet de recommencer.

Colère et jalousie

Un disciple est venu chez Bankei pour se plaindre :
"Maître, mon caractère est détestable. Comment puis-je le maîtriser ?
— Tu as là quelque chose de très bizarre, répliqua Bankei. Laisse-moi voir.
— Je ne peux pas vous le montrer à l'instant !
— Et quand peux-tu me le montrer ?
— Il apparaît par surprise", répliqua l'étudiant.
Bankei conclut : "Ce n'est probablement pas ta vraie nature. Si elle l'était, tu pourrais me la montrer n'importe quand. Quand tu es né, tu ne l'avais pas, et tes parents ne te l'ont pas donné. Réfléchis à cela."
Paul Reps, *Le Zen en chair et en os*

La colère est une émotion présentant un intérêt particulier, car c'est un sentiment très puissant, capable de provoquer des dommages considérables, à soi-même et à autrui (ces mêmes propos sont valables pour la jalousie, et ce qui suit s'applique également à cette autre émotion corrosive). Un des préceptes bouddhiques est "Ne sois pas en colère". Pourtant, la colère lève souvent la tête chez la plupart des gens. Quand la colère monte, il est essentiel de ne pas l'écarter, de ne pas nier son existence, mais d'en faire l'expérience sans réagir. Être en colère n'est pas agréable, mais en faisant cette expérience on découvre d'abord quelle est sa nature, puis on commence à la comprendre et finalement on voit comment elle peut être exprimée d'une façon qui ne cause pas des dommages et comment l'utiliser pour clarifier une situation.

Souvent, quand on est en colère, on trouve un objet ou une personne sur lesquels aérer sa colère, l'injuriant, lui disant en termes clairs qu'il ne devrait pas exister et on ignore son propre rôle dans l'affaire. Si la colère devient trop forte et si on ne peut plus la contenir, en explose. Au premier abord, cette sensation fait du bien, mais à long terme on le regrette presque toujours.

Heureusement, avec de l'expérience, on découvre qu'on peut rester au milieu de la colère et agir cependant rationnellement. Dans ces circonstances, au lieu de jeter l'éponge on peut déterminer son rôle dans l'événement et même suggérer une solution. À mesure que la pratique du sentiment de colère progresse (sans cependant agir ainsi extérieurement), on réussit davantage à communiquer cette émotion sans provoquer des dégâts – ou du moins en causant aussi peu de dommages que possible.

Si cette colère est canalisée, elle deviendra un catalyseur notable du changement. Au lieu de la laisser se répandre, utilisez la colère pour rendre votre position plus claire. Cela permettra d'écarter les obstacles à votre pratique. Pour le bouddhisme, la colère est l'une des trois vertus cachées. Si on en fait l'expérience au lieu de la craindre – si on la dompte – elle deviendra l'œil pénétrant de la sagesse et la force éclairant la pratique, permettant de voir les choses telles qu'elles sont.

Peur

La peur apparaît de temps à autre dans la pratique Zen : la peur naturelle, suscitée par les situations difficiles, ou la peur venant de l'éducation ou de l'image de soi. Répétons-le, la clé du travail avec cette émotion est d'en faire l'expérience. Le Président Roosevelt disait : "Il n'y a rien de mal à la peur, sauf la peur elle-même." Et d'une certaine façon c'est vrai. On n'aime pas être effrayé, si bien qu'on évite les situations terrifiantes. Pourtant, c'est seulement en affrontant ce genre de situations que la peur se dissipe. Ne pas le faire aboutit souvent à des phobies. En affrontant maintes fois la peur, on diminue la prise paralysante qu'elle a sur soi – on l'écarte tout simplement.

On aggrave souvent les situations effrayantes en laissant libre cours à l'imagination, pensant que les choses n'iront jamais mieux. Le monstre devient de plus en plus grand et dans le processus, il devient encore plus difficile de fonctionner. En réalité, on doit gérer uniquement le moment présent – et on doit être toujours capable de le faire.

On a demandé une fois au Bouddha : *"Quel est le plus grand cadeau que tu peux accorder à une personne ?"* Il a répliqué : *"Le don de l'absence de peur."* C'est l'extension ultime de l'étude de la peur : permettre au monde de venir à soi et ne pas avoir peur pour soi-même.

Ennui

Un moine a dit au maître,
   "Suivre ma respiration m'ennuie."
Le maître l'attrapa et enfonça sa tête sous l'eau.
Juste quand le moine était sur le point de se noyer,
le maître lui a permis de lever la tête et lui a dit :
   "Es-tu encore ennuyé par la respiration ?"

La pratique Zen est très répétitive, bien qu'au début (à mesure qu'on se connaît soi-même plus intimement) de telles actions soient nouvelles et excitantes. Après un moment, toutefois, l'effort risque de fatiguer et on a envie que les choses se déroulent plus vite – à la vitesse de ses attentes. L'une des astuces préférées du mental est d'avoir grande envie d'expériences nouvelles et différentes, sans voir qu'en fait chaque expérience est inédite et importante. Cela vient d'habitude de l'incapacité à faire suffisamment attention à ce qui se passe juste en ce moment. On devient blasé à l'égard de la vie et on rate le miracle se produisant en cet instant même sous ses pieds.

Tout le monde traverse des périodes d'ennui, mais si l'attention est concentrée, on peut commencer à développer un nouvel intérêt dans la vie. On peut découvrir ce qui se passe en réalité à un moment donné, au lieu de se contenter des instants excitants. Comme le disait Tenshin Fletcher Sensei (*sensei* signifie "maître") du Abbot Zen Mountain Center (Californie) :

Plus je pratique, plus j'apprécie l'ennui. J'ai toujours essayé de lui échapper. Je créais toutes sortes de fantasmes et la vie ne s'y conformait jamais. Mais l'ennui est aussi un trésor caché. Si on est assis à s'ennuyer, que se passe-t-il ? On voit l'immobilité de la vie, son immense ancrage. Les attentes, le désir de faire bouger le mental, de chercher autre chose, empêchent de ressentir l'ennui. Mais si on pénètre le cœur ouvert dans l'ennui, si on abandonne ses préconceptions, son vaste calme sera constamment là. C'est tout. Pas besoin d'aller ailleurs. Ennuyez-vous totalement, laissez-vous pénétrer à fond.

Attention et spontanéité

Les origines de la pratique de l'attention se trouvent dans un discours du Bouddha intitulé *Les bases de l'attention*.

Ces bases sont les quatre zones de la vie auxquelles il faut prêter attention pour la santé mentale et spirituelle : corps, mental, sentiments et objets, autrement dit, l'ensemble de la vie.

La voie Zen prône de prêter attention aux aspects les plus simples de la vie quotidienne et de ne pas se laisser influencer par le babillage incessant de l'esprit. C'est la façon de cultiver la compassion et une nouvelle approche des événements survenant dans sa vie. En prêtant attention à tout ce qu'on fait – et en même temps, grâce au *zazen*, en maintenant un lien avec l'espace créatif qui est inhérent à soi (la nature de Bouddha) – on sera capable d'agir avec une liberté plus grande et de devenir plus ouvert aux différentes approches de la vie. Il n'est pas facile de garder ce genre de conscience. On s'aperçoit rapidement que le mental désire s'échapper dans le passé, l'avenir ou la rêverie.

On peut penser que ces activités sont futiles et donc ne pas s'impliquer pleinement. Toutefois, en s'appliquant aux tâches prétendument "futiles", on peut les rendre plus intéressantes. Après tout, c'est là l'unique vie qu'on connaisse à une époque donnée. Si, par la pratique du *zazen* et de l'attention, on se met à opérer davantage à partir de sa nature illimitée et moins à partir de l'espace d'autoprotection créé par l'ego, alors la spontanéité et la créativité pourront naître, même dans ce qui, à première vue, semble la plus banale des activités.

Engagement social

La pratique Zen conduit à reconnaître l'interdépendance de toute vie. Pour certains, cette conscience signale qu'ils désirent tenter de remédier à nombre d'inégalités sociales, qu'on voit sans cesse autour de soi ou au journal télévisé.

D'autres ont l'impression qu'ils ne peuvent espérer aider leurs semblables sans gagner d'abord un degré substantiel de connaissance de soi ; ils craignent que l'intérêt social soit un camouflage pour la satisfaction de leur besoin d'affirmation personnelle, de pouvoir social ou politique, et donc une autre manière d'accroître l'ego.

La controverse entre ces deux points de vue a fait rage dans le monde bouddhiste pendant de nombreuses années. Les deux camps avancent des arguments convaincants pour soutenir leur cause. Le meilleur serait probablement de passer lentement de l'affirmation de soi égotiste à un don moins égoïste, afin d'aboutir à une étape où on puisse donner sans penser à soi ou aux bonnes actions – où on donne parce que c'est naturel de le faire. Ce faisant, on doit décider si le temps est venu de se concentrer sur le soi et d'agir pour aider à alléger l'injustice sociale dans le monde.

Tenshin Fletcher Sensei suggère une manière d'avancer sur la voie de l'acceptation de soi et de ses responsabilités envers les autres :

> En termes de rapport avec le monde, pratiquer les préceptes est une bonne interface avec la vie quotidienne. Développer l'amour, la compassion, la sagesse, la patience, l'énergie et la concentration, favorise la perception de l'unité du monde. Incarner les préceptes aide à voir à quel point on souhaite échapper à ses responsabilités en tant que bouddha, permet de voir les conséquences de ses actions et rend le déroulement des choses plus harmonieux. Réfléchir sur un précepte pendant un moment, un jour, une semaine, une année, aidera à s'affranchir des vieilles habitudes qui nous enchaînent et libère ces énergies pour d'autres objectifs. Les habitudes les plus difficiles à briser sont celles qui transforment le plus l'individu, simplement parce qu'on doit investir beaucoup d'effort pour découvrir leurs dynamiques. Ce grand effort rend plus tolérant envers les difficultés des autres, pousse peut-être même à les aimer pour leurs bizarreries humaines.

Interdépendance

Dans son *Zen, graines de sagesse*, Shundo Aoyama montre l'importance de l'interdépendance :

> J'ai entendu une fois l'histoire d'une visite au ciel et aux enfers. Dans les deux endroits, le visiteur a vu beaucoup de gens assis à une table sur laquelle étaient disposés des plats savoureux. Des baguettes longues de plus d'un mètre étaient fixées à leur main droite, tandis que leur main gauche était attachée à leur siège. Aux enfers, les gens avaient beau étirer les bras, les baguettes étaient trop longues pour qu'ils puissent porter la nourriture à leur bouche. Leurs mains et leurs baguettes s'entremêlaient et les plats s'éparpillaient ici et là.
>
> Au ciel, les gens attrapaient les plats préférés de leurs voisins avec les baguettes démesurées et les leur offraient. À leur tour, ceux-ci étaient nourris par d'autres. Ils mangeaient en harmonie.

Bien-être

La formation Zen comprend le corps, le mental et l'esprit, chacun de ces aspects de notre être soutenant les autres et étant soutenu par eux. Bien que pour des raisons pratiques nous en parlons séparément, en réalité ils forment un tout interconnecté.

Le Zen est une façon d'être heureux.
T'ao-shan

Le bien-être du mental et de l'esprit peut être propagé en utilisant le *zazen* comme première pierre, étayée par la pratique de l'attention, par la gestion de nos émotions, par une prise de conscience continue de notre interdépendance avec les autres êtres et par l'exercice de la compassion et de la sagesse dans la vie quotidienne. Une alimentation correcte et un exercice régulier en accord avec les particularités de votre mode de vie et de votre type physique prendront soin des besoins du corps.

Puisqu'à son niveau le plus basique le *zazen* ne demande qu'un lieu tranquille pour s'asseoir, on peut le pratiquer au moment et à l'endroit de son choix, aussi fréquemment et aussi longtemps qu'on le désire. Beaucoup de gens le font et en profitent considérablement. Cette pratique les aide à se détendre, à développer leur confiance en eux de même que leur concentration. On peut l'utiliser parfois très efficacement pour accentuer un engagement personnel envers des traditions religieuses autres que le bouddhisme. Le *zazen* est une pratique universelle totalement ouverte. Il nous fait revenir constamment à notre propre vie, y incluant une appréciation de nos besoins et de ceux d'autrui.

La façon dont on choisit les ingrédients et on prépare les aliments qu'on consomme, influence aussi directement le sentiment de bien-être. La nourriture préparée avec soin, amour et compassion est un merveilleux don, spécialement si on pense à l'effort exigé par la culture, la récolte et le traitement des aliments, et aux offrandes naturelles du soleil, du sol et de la pluie ayant rendu cette production possible *(voir page 117)*.

Un exercice qui combine l'aérobic (jogging, vélo ou marche rapide) avec les exerces d'étirement (yoga) et un peu de travail de force (poids légers ou exercices isométriques) accroît aussi le sentiment de bien-être. Toutefois, le plus important est de trouver un horaire et un style d'exercice entretenant l'intérêt, qu'on puisse respecter toujours. Le bien-être personnel est accru si on se sent en bonne forme physique.

Comme l'a dit Alan Watts : *"La nature est bien plus concernée par le jeu que par l'atteinte des objectifs."*

bien-être ■ 75

Le Zen et le travail

Le travail quotidien est un élément important de la tradition Zen.

Après la mort du Premier patriarche, le Zen a continué à s'épanouir en Chine, bien que les moines suivissent toujours l'habitude indienne d'errer de place en place en mendiant pour se nourrir. Ce mode de vie a commencé à changer avec le Quatrième patriarche, Tao-hsin, qui s'est installé dans une région montagneuse du nord de la Chine. À sa mort, il avait de nombreux disciples. À l'époque du Cinquième patriarche, Hung-jen, quelque mille moines étudiaient le Zen dans cette région. Vu les conditions climatiques de cette partie peu fertile du pays, il est devenu manifeste que les moines devaient devenir autosuffisants pour la nourriture et le combustible. Les adeptes de Hung-jen ont donc bâti un monastère et se sont mis à cultiver la terre. Ce fut là le commencement de la tradition Zen qui associe les activités pratiques et spirituelles dans la quête de l'illumination.

Cette idée a été précisément formulée par le maître Pai-chang (749-814), qui a introduit la célèbre expression Zen *"Si on ne travaille pas un jour, on ne mangera pas un jour."*

Celui-ci a développé une série de règles pour la vie monastique, mettant l'accent sur l'austérité et la simplicité, mais évitant en même temps l'inflexibilité et l'excès de respect des règlements. Vers la fin de sa vie, Pai-chang travaillait encore tous les jours dans les champs. La tradition raconte que ses disciples, craignant pour sa santé, avaient caché ses outils pour l'empêcher de travailler. Pai-chang refusa de manger jusqu'à ce que ses outils lui fussent rendus, puis effectua sa besogne dans les champs.

Jusqu'à ce jour, l'esprit du travail personnel, le *samu*, confère à la tradition monastique Zen sa saveur particulière. Les moines et les maîtres travaillent côte à côte dans les jardins et les cuisines ou réparent les bâtiments. Ce travail n'est pas considéré comme distinct de la pratique de la méditation. Effectivement, le maître Zen Hakuin disait que "pour accéder aux profondeurs de sa vraie nature et pour acquérir une vitalité présente en toute occasion, rien ne surpasse la méditation au milieu d'une activité."

En Occident, où la plupart des monastères sont responsables de leur survie économique, le travail est très important dans la formation Zen.

Les labeurs de la vie

Le maître Zen Dôgen visitait un monastère. Le jour était chaud et, en traversant la cour, Dôgen aperçut le chef cuisinier qui faisait sécher des champignons au soleil. Le moine n'avait pas de chapeau pour protéger sa tête, son dos était aussi voûté qu'un arc et ses sourcils étaient complètement blancs. Voyant à quel point sa tâche était difficile, Dôgen lui demanda combien de temps il avait été moine.

"Soixante-huit ans.

— Pourquoi ne laisses-tu quelqu'un d'autre accomplir cette tâche ?

— Les autres ne sont pas moi.

— Vous êtes très consciencieux, mais le soleil tape très fort. Pourquoi travailler si durement dans le soleil ? Pourquoi ne pas le faire plus tard ?

— Si je ne le fais pas maintenant, quand le ferai-je ?"

Vœux et soûtras quotidiens

Psalmodier des vœux et des extraits des soûtras est une partie intégrante de la pratique Zen.

La psalmodie est accompagnée par la percussion d'un tambour en bois *(mokugyo)* et d'un gong *(keisu)*. Voici quelques chants Zen.

Les Trois trésors
Je me réfugie en Bouddha
Je me réfugie en Dharma
Je me réfugie en Sangha

Je me réfugie en Bouddha
l'infiniment honoré ;
Je me réfugie en Dharma,
honorable pour sa pureté ;
Je me réfugie en Sangha,
honorable pour son harmonie.

Je me suis réfugié en Bouddha.
Je me suis réfugié en Dharma.
Je me suis réfugié en Sangha.

Les Quatre vœux
(après le *zazen* du soir)
Innombrables sont les êtres doués de sensibilité,
Je m'engage à les sauver ;
Les désirs sont inépuisables,
Je m'engage à leur mettre fin ;
Les Dharmas sont illimités,
Je m'engage à les maîtriser.
La Voie de Bouddha est insurpassable
Je m'engage à l'atteindre.

Strophe du Kesa
(après le *zazen* de l'aube)
Vaste est la robe de la libération
Un champ sans forme de bienfaits
Je porte l'enseignement Tathagata
Sauvant tous les êtres doués de sensibilité.

La strophe d'Expiation
Tout le mauvais karma que j'ai commis depuis longtemps
En raison de mon avidité, de ma colère et de mon ignorance infinies
Né de mon corps, de ma bouche et de ma pensée – je m'accorde maintenant à tout.

L'identité du relatif et de l'absolu

L'esprit du grand sage indien a été transporté soigneusement d'Occident en Orient. Parmi les êtres humains on trouve des sages et des fous, mais sur la Voie il n'y a pas de Patriarche du nord ou du sud. La source subtile est claire et brillante ; les affluents coulent à travers l'obscurité. S'attacher aux choses est illusion ; rencontrer l'absolu n'est pas encore illumination. Les sphères subjectives et objectives sont apparentées, et en même temps indépendantes. Apparentées, pourtant travaillant différemment, bien que chacune garde sa propre place. La forme distingue le caractère et l'apparence ; les sons séparent le confort de l'inconfort. L'obscurité rend tous les mondes semblables ; l'éclat différencie les phrases bonnes et mauvaises. Les quatre éléments reviennent à leur nature, comme un enfant à sa mère. Le feu est chaud, le vent souffle, l'eau est humide, la terre dure. Les yeux voient, les oreilles entendent, le nez hume, la langue goûte le salé et l'âcre. Chaque être est indépendant de l'autre, la cause et l'effet doivent revenir à la grande réalité. On utilise des mots graves et respectivement légers. Dans la lumière, il y a l'obscurité, mais n'essayez pas de comprendre celle-ci ; dans l'obscurité, il y a la lumière, mais ne la cherchez pas. La lumière et l'obscurité forment une paire, de même qu'un pied posé devant l'autre en marchant. Chaque chose a sa propre valeur intrinsèque et est relié à tout le reste quant à la fonction et à la position. La vie ordinaire s'accorde à l'absolu, comme une boîte et son couvercle. L'absolu œuvre avec le relatif comme deux flèches se rencontrant dans les airs. En lisant des mots, on doit saisir la grande réalité. Ne jugez selon aucun standard. Si vous ne voyez pas la Voie, vous ne la verrez pas même si vous marchiez dessus. Quand vous suivez la Voie, celle-ci n'est ni proche ni lointaine. Si vous êtes dans l'illusion, des montagnes et des fleuves s'interposent. Je dis respectueusement à ceux qui désirent être illuminés :

Ne gaspillez pas votre temps, de jour ou de nuit.

Soûtra du Cœur Maha Prajna Paramita*

Avalokitesvara Bodhisattva [celui qui entend les sons du monde qui souffre], accomplissant un profond *prajna paramita*,

A clairement vu la vacuité des cinq états,

Allégeant ainsi entièrement la malchance et la douleur.

Ô Shariputra [principal disciple de Bouddha], la forme n'est rien d'autre que vacuité, la vacuité rien d'autre que la forme ;

La forme est exactement la vacuité, la vacuité exactement la forme ;

Sensation, conception, discrimination, conscience y sont pareilles.

Ô Shariputra, tous les dharmas sont des formes de vacuité, pas nées, pas détruites,

Pas souillées, pas pures, sans perte, sans gain ;

Dans la vacuité il n'y a pas de forme, pas de sensation, de conception, de discrimination, de conscience ;

Pas d'œil, d'oreille, de nez, de langue, de corps, de mental ;

Pas de couleur, de son, d'odeur, de goût, de toucher, de phénomènes ;

Nul domaine de vision... nul domaine de conscience ;

Pas d'ignorance et pas de fin à l'ignorance...

Pas de vieillesse et de mort, et nulle fin à la vieillesse et à la mort ;

Aucune souffrance, aucune cause de souffrance, pas d'extinction, pas de voie ;

Nulle sagesse et nul gain. Aucun gain et ainsi

Le Bodhisattva vit le *prajna paramita*

Sans obstacle mental, donc sans peur,

Loin au-delà des pensées trompeuses, c'est le nirvana.

Tous les bouddhas passés, présents et à venir vivent le prajna paramita, et atteignent par conséquent l'*anuttara-samyak-sambodhi*.

Sachez donc, le prajna paramita est

Le grand Mantra, le Mantra vivace,

Le meilleur Mantra, l'insurpassable Mantra ;

Il clarifie totalement toute douleur – c'est la vérité, ce n'est pas un mensonge.

Pour faire connaître le mantra *Prajna Paramita*,

Pour faire connaître ce mantra, dites :

Gate ! Gate ! Paragate ! Parasamgate !

Bodhi svaha ! Soûtra du cœur Prajna.

* Pour une explication complète, Donald S. Lopez, *The Heart Sutra Explained*.

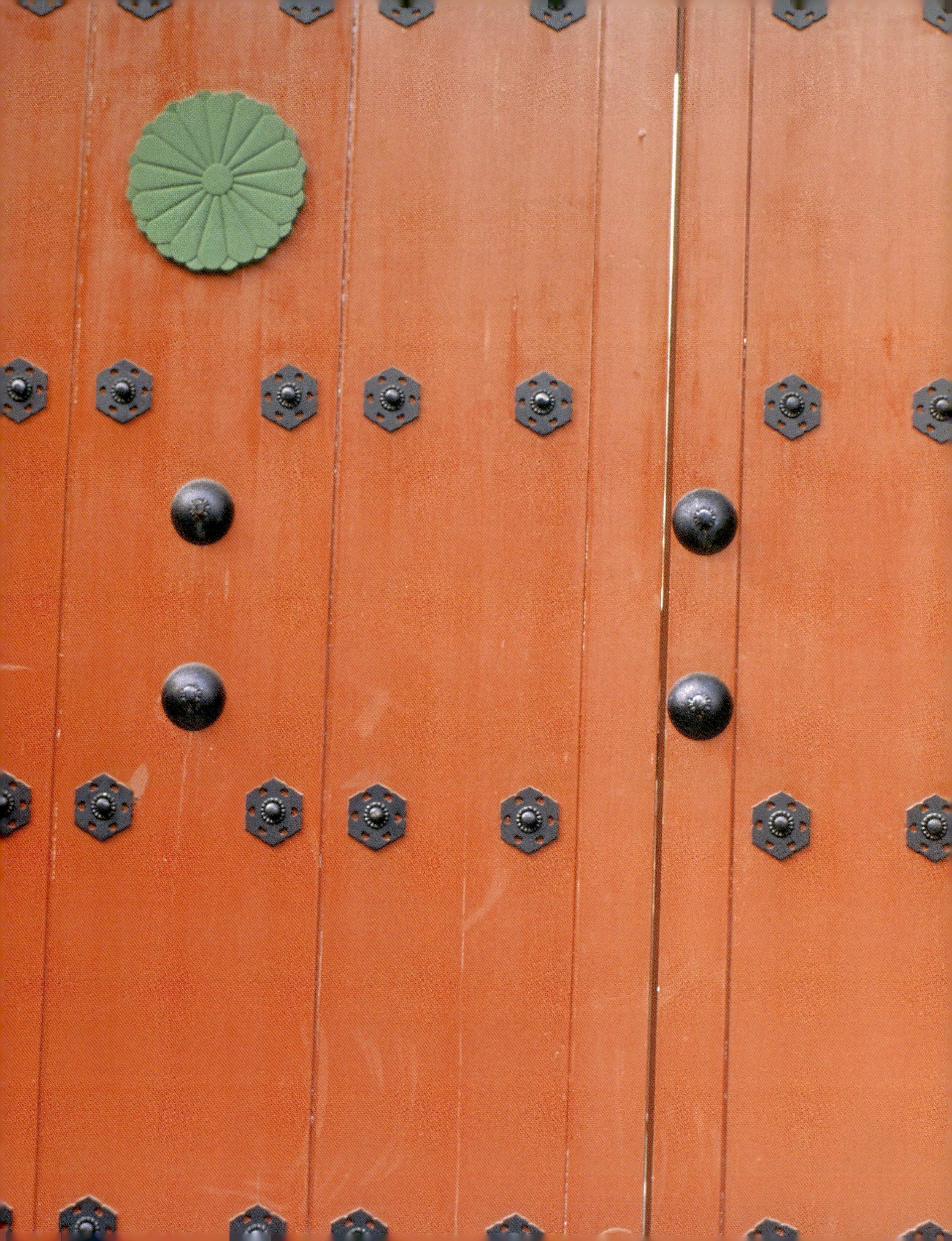

Le ZEN
dans votre maison

Le secret d'une maison Zen est contenu dans l'éthos "moins est plus". Le fardeau de ses biens est écrasant. Si on souhaite plus de liberté spirituelle ou de légèreté d'esprit, il vaut mieux vivre dans un environnement harmonieux, ordonné, meublé de quelques objets soigneusement choisis, plutôt que dans un endroit surchargé.

La maison japonaise traditionnelle

La maison classique japonaise, conçue pour répondre aux besoins intérieurs et au confort physique de l'individu, a évolué à partir de la fusion de deux influences.

Le style d'architecture *kara-yo*, introduit au Japon au XIIIe siècle, style officiel de construction en Chine durant la période Song, a fourni l'inspiration initiale. Lui-même était dérivé de l'architecture des monastères et maisons aristocratiques Chan. L'autre influence – qui a conféré à la maison japonaise ses caractéristiques les plus distinctifs – fut l'alliance du Zen et des idéaux des samouraïs. Les prêtres Zen et les samouraïs qui contrôlaient le pays avaient beaucoup en commun – ils appréciaient l'austérité, la frugalité, l'autodiscipline et l'esprit hardi. Le résultat de cette fusion a été la maison de style *shoin*, caractérisée par un espace ouvert, des lignes nettes, des formes rectangulaires et l'harmonie entre la nature intime intérieure et l'ouverture à la nature extérieure. Le style *shoin* a été d'abord utilisé dans les manoirs des samouraïs et les quartiers des abbés Zen ; à l'époque Edo (1600-1868), il a été adapté par les commerçants et les artisans pour leur usage.

Le *shoin* était en fait une alcôve munie d'une fenêtre au rebord élevé, qui surplombait le jardin. La pièce *shoin* était utilisée par les moines comme un bureau consacré à la lecture et l'écriture. Les principales caractéristiques du style *shoin*, qu'on trouve encore aujourd'hui dans les maisons japonaises traditionnelles, sont les paravents *shoji*, les *tatamis*, l'*engawa* (véranda), le *genkan* (hall d'entrée) et le *tokonoma* (alcôve).

Les paravents *shoji*

Ce sont des paravents coulissants en treillage recouvert de papier de riz blanc translucide, qui partagent les pièces intérieures et forment les panneaux muraux extérieurs (sans aucun but structurel). L'intérieur est un espace fonctionnel qui peut être partagé en une diversité de zones en fermant, en ouvrant ou en enlevant les paravents, selon l'utilisation qu'on donnera à la pièce. Les panneaux extérieurs peuvent être ouverts ou fermés pour ventiler la maison et laisser voir le jardin.

Tatami

Nattes de paille tressée, placées dans toutes les pièces principales. Élastiques, elles servent pour le couchage (offrant un bon support pour le dos) et pour s'asseoir. Pour arriver à un bon confort et pour avoir des mouvements et des postures gracieuses lorsqu'on est assis sur le sol, il faut une considérable discipline et un bon contrôle musculaire. (De même, se chausser et se déchausser, se retourner dans des espaces limités, faire fonctionner soigneusement les portes coulissantes, s'incliner profondément ainsi que d'autres activités de ce genre associées à la vie dans la maison japonaise,

À droite

Pièce traditionnelle japonaise pourvue de tatamis et des paravents coulissants *shoji* s'ouvrant sur une véranda en bois, qui sert de lien entre la maison et le jardin, et est utilisée comme une zone de détente pour les amis et la famille.

la maison traditionnelle japonaise ▲ 83

contribuent à une conscience de la disposition corporelle et sont analogues au ballet.)

Engawa et genkan

La véranda est un porche bien protégé, qui offre une place pour le travail et la relaxation au grand air. Son avant-toit et sa disposition permettent de s'abriter du soleil en été, tout en laissant pénétrer le soleil d'hiver. La grande ouverture de l'*engawa* permet à de considérables volumes d'air de circuler à travers la maison, même pendant les pluies torrentielles. Comme la véranda est liée au jardin, cet air est en quelque sorte traité par son passage à travers la végétation et au-dessus du tapis végétal vert, des pierres, du sable, etc., qu'on arrose pour diminuer l'intrusion de la poussière. Le plancher de la véranda est aisé à entretenir et sa proximité du jardin facilite le nettoyage. Symboliquement, l'*engawa* est le lien entre la maison et le jardin. Dans les monastères Zen, on peut l'utiliser comme une plate-forme pour la méditation *zazen*. Les futons (matelas bourrés de fibres de coton) sont souvent aérés là.

Ci-dessous
Intérieur minimaliste démontrant l'interaction de l'espace et de la forme. L'installation et l'ameublement sont pacifiques et interchangeables.

Tokonoma

C'est une alcôve munie d'une plate-forme surélevée, utilisée pour exposer une œuvre d'art, un arrangement floral ou une estampe, généralement monochrome, pour s'amalgamer avec les nuances douces de la pièce. Dans une installation monastique, les rouleaux ou les calligraphies bouddhiques sont accrochés dans le *tokonoma*. La disposition des fleurs (*ikebana*) – manière de présenter les fleurs de saison et d'autres plantes dans des vases, en respectant des règles précises – est devenue une forme d'art sophistiquée au Japon. Le *tokonoma* est l'endroit traditionnel où on expose les œuvres de la famille.

Changement de décor

Les pièces sont arrangées et réarrangées en fonction des besoins, de l'effet esthétique ou de la fantaisie de l'utilisateur. Rien n'est permanent ou fixe. Les pièces vides sont comme des scènes de théâtre – prêtes pour le tableau suivant. Cela exige un déplacement presque incessant des décors, un éclairage soigneux et des changements de costume.

Les Japonais ont, à l'égard les bâtiments et de la vie, une attitude analogue à l'art du jardinage. Les maisons sont constamment "soignées". Pendant l'été chaud et humide, les panneaux coulissants qui divisent les pièces peuvent être ouverts ou enlevés, pour laisser circuler l'air frais à travers toute la maison. En hiver, l'ensemble assez vague de pièces ouvertes vers l'extérieur peut être transformé en un arrangement de salles qu'on peut isoler l'une de l'autre et de l'extérieur par des panneaux coulissants et des volets extérieurs. Les pièces extérieures protègent les pièces intérieures.

Les maisons n'ont pas de système central de chauffage, mais les *hibaci* (petits braseros transportables) qui brûlent du charbon donnent une chaleur radiante. La famille se rassemble autour du *kotatsu* (un brasero placé en dessous du niveau du plancher, sur lequel est placée une table), symbole de l'unité familiale, équivalent de l'âtre occidental. Durant la saison froide, on boit du thé bouillant dans des bols qui réchauffent les mains et la bouche.

Pour bien vivre dans une maison japonaise, on doit porter des vêtements appropriés en été et en hiver. Le *yakata* est un vêtement en coton léger, très amidonné propre à l'été, qui permet la libre circulation d'air près de la peau. En hiver, il est traditionnel de porter plusieurs couches d'habits plus lourds, dont les longues manches réchauffent les mains. Lorsqu'on est assis, les vêtements deviennent une tente individuelle protégeant du froid.

Je dois une grande partie de ma compréhension de l'architecture de la maison japonaise à Richard Smith, architecte américain qui a vécu au Japon pendant des années. Son point de vue sur ce qu'on peut apprendre de la maison traditionnelle japonaise est des plus intéressants :

> La plus grande leçon de la maison japonaise est probablement le rappel que l'Occident s'est distancé lui-même d'une place plus naturelle et plus saine dans le monde. L'industrialisation de pratiquement tous les aspects de la vie et le désir manifeste de faire entrer chaque nouvelle idée ou avancée technologique ou scientifique dans la structure de la maison, jouent un rôle plus important pour notre santé et bien-être que nous voulons le croire.

Espaces de vie

Les aspects les plus typiques d'un intérieur d'inspiration Zen sont le sentiment de sérénité et la simplicité.

Paradoxalement, cette attitude minimaliste donne une impression de vie seulement si on approche presque sensuellement les objets, les matériels, les finitions, l'éclairage et les textures. Le concept japonais *wabi* incarne cette attitude : l'idée de vérité appliquée aux matériels, selon laquelle les objets quotidiens dont on s'entoure doivent révéler sans artifice la nature de leur matériel ainsi que leur fonction (bonne conception). En pratique, cela signifie mettre en valeur le grain du bois, la texture du plâtre et les couleurs de la pierre, de même que choisir des objets qui soient non seulement décoratifs, mais qui constituent aussi un lien avec le monde naturel (les plantes d'intérieur et les fleurs étant les exemples évidents).

Pour apporter la sensation d'espace, de lumière et d'harmonie qui est la toile de fond essentielle des intérieurs Zen, il faut ranger tout ce qui n'est pas immédiatement nécessaire. Les espaces de rangement *(voir page 98)* sont donc une caractéristique importante – mais souvent négligée – de la maison Zen. Au niveau pratique, le style Zen n'a pas besoin d'être achevé d'un seul coup. Pour commencer, travaillez sur une pièce, créant un espace ordonné, qui met de bonne humeur. Cela vous inspirera peut-être pour transformer d'autres zones (ou alors, cette unique zone calme vous suffira).

D'un point de vue économique et écologique, un tel minimalisme est relativement bon marché et plus respectueux de l'utilisation des ressources naturelles limitées de la terre.

À gauche
La sensation globalement rectiligne laissée par la pièce se superpose aux formes arrondies des chaises et de la table en bois, de même qu'aux fleurs qui fournissent aussi un lien avec l'extérieur.

À droite
Les chaises de forme inhabituelle, avec des bases symétriques, offrent des sièges pouvant être facilement déplacés, de même qu'une variation géométrique aux lignes simples de la pièce. Le petit bouquet de fleurs est mis en valeur par son isolement.

espaces de vie ▲ 87

La salle de bains et le bain

Les Japonais trouvent difficiles à comprendre deux habitudes occidentales : garder ses chaussures dans la maison et s'immerger dans l'eau dans laquelle on se lave.

La salle de bains japonaise est étanche du sol au plafond, et munie d'un écoulement dans le sol. La personne qui se baigne est assise sur un tabouret bas, à l'extérieur de la baignoire remplie d'eau très chaude, et s'asperge d'eau à l'aide d'un petit bol rempli à un robinet bas ou dans la baignoire. Elle se lave soigneusement avec de l'eau savonneuse, puis se rince. Seulement alors, propre comme un sou neuf, la personne s'installe dans la baignoire courte (mais profonde) et – immergée jusqu'au cou – reste assise, à tremper et à se relaxer. Le baigneur suivant se plonge dans la même eau et répète cette routine. Ce système signifie que toute la famille se sert d'une seule baignoire remplie d'eau, chacun de ses membres s'immergeant dans une eau propre. Entre deux immersions, un couvercle isolé couvre la baignoire, pour que l'eau reste chaude longtemps. Plusieurs personnes peuvent s'installer ensemble dans une baignoire plus grande, *furo*. Le même système est utilisé dans les monastères Zen, mais là l'ordre du bain suit l'ancienneté dans la communauté : les novices prennent leur bain en dernier !

Si vous désirez installer un récipient en bois chez vous, les bois préférés par les connaisseurs sont le teck (sa couleur naturelle ne pâlit même pas après une exposition constante à l'eau) et le cyprès japonais (pour sa merveilleuse fragrance et résistance).

Éléments naturels

Les baignoires plus traditionnelles – blanche classique, émaillé – correspondent aussi à l'idéal Zen d'une conception simple, pratique, discrète. Le décor de la salle de bains doit laisser la même impression de propreté et de fonctionnalité. Le sol est aussi important. Les matériaux naturels comme le liège ou le bois, imperméabilisé, sont les plus proches du concept *wabi (voir page 94)*. Quant à l'éclairage, pour un bain nocturne essayez une lumière douce ou des bougies aromatiques créant une atmosphère sereine ; dans la journée, la lumière naturelle voilée est meilleure. Mettez une touche naturelle dans la salle de bains en y plaçant quelques plantes en pot, surtout des espèces qui s'épanouissent dans une atmosphère humide, ou des fleurs fraîches dans un joli vase.

Le Zen attache une grande signification à la relation avec la nature et à la propreté. Le bain nous relie à l'élément vivifiant de l'eau et est une purification tant réelle que symbolique. C'est un rituel quotidien pour la relaxation et la régénération de l'esprit.

À droite

Une salle de bains fonctionnelle, ordonnée, facile à nettoyer et mise en valeur par un flot de lumière naturelle. Les fleurs exercent une influence apaisante sur les lignes droites.

la salle de bains et le bain ▲ 89

Chambres à coucher

L'espace et la division intérieure de la maison traditionnelle japonaise d'inspiration Zen sont très modifiables, surtout pour les chambres à coucher.

On utilise des paravents coulissants translucides pour créer une zone de couchage confortable, avec des futons placés sur les tatamis et recouverts d'un édredon similaire à celui occidental. Lorsqu'ils ne sont pas utilisés, le futon et l'édredon sont pliés et rangés dans un placard.

Le futon, avec son épais remplissage en coton et sa surface étayante ferme, permet au corps de se détendre et favorise un sommeil paisible. Les futons reflètent le statut et le goût de leurs utilisateurs. Ils sont très flexibles : quand le temps est particulièrement froid, on les empile l'un sur l'autre pour un plus d'isolation. S'il y a des invités pour la nuit, on peut utiliser les futons d'une autre pièce.

La variante occidentale est le futon canapé. Monté sur un cadre bas en bois, le futon devient matelas ; plié sur le cadre fermé, il redevient canapé.

Les chambres à coucher occidentales – surtout celles conventionnelles, où le lit occupe la plus grande partie de la pièce – semblent une invitation au désordre. De bons rangements sont essentiels pour aboutir à ce sentiment d'espace et d'ordre qui favorise la tranquillité. Une zone réservée dans une chambre à coucher calme et rangée peut devenir l'endroit régulier de méditation. Ce coin doit être conçu autour d'une table basse sur laquelle est placé un brûleur à encens ou un vase de fleurs.

À gauche
Une zone de couchage minimaliste est harmonieuse et relaxante. On obtient cet effet en choisissant soigneusement les couleurs et en débarrassant les environs du lit.

À droite
Les formes géométriques et les motifs des coussins s'accordent aux couleurs et à la conception linéaire de la pièce. La zone dépouillée autour du lit permet à l'air de circuler et à la lumière d'atteindre les coins de la pièce.

chambres à coucher ▲ 91

Ameublement et éclairage

Les tatamis ne sont pas tant un recouvrement de sol qu'une forme d'ameublement modulable à l'infini. Ils font disparaître le besoin de meubles qu'on trouve généralement dans les maisons occidentales.

Des coussins carrés noirs assortis appelés *zabuton* permettent de s'asseoir, de s'agenouiller ou de s'incliner plus confortablement, alors que les coussins ronds, les *zafu*, servent à la méditation *zazen* traditionnelle. Les rares meubles sont habituellement bas, légers, pliants et discrets.

Les désigners contemporains japonais ont puisé à ces sources Zen des solutions économisant l'espace, convenant aux petits appartements ou maisons. Dans une maison occidentale, la simplicité de l'ameublement et des couleurs murales (de préférence unies et claires) intensifiera le sentiment d'harmonie, d'espace et de tranquillité d'une pièce. Avec moins de meubles, il y aura aussi moins d'objets nids à poussière. Si vous choisissez la qualité plutôt que la quantité, vous aurez plus de temps et de raisons de profiter de votre espace de vie.

Lumière naturelle

Avec l'eau et l'air, la lumière naturelle est un élément essentiel de la santé et du bien-être. La lumière naturelle, principale source d'éclairage, est ainsi une composante de base de la maison Zen. La modification incessante de son intensité et de sa direction altère encore plus la sensibilité Zen. Pour profiter pleinement de la lumière naturelle, assurez-vous que vos fenêtres sont propres à l'intérieur et à l'extérieur, non encombrées, sans rideaux ou obstacles gênant l'éclairage. Utilisez des miroirs pour diriger la lumière vers les zones plus sombres de la pièce et des couleurs claires pour intensifier la réflectivité des murs.

Quant à l'éclairage artificiel, la maison Zen est plus adaptée à un éclairage indirect, placé derrière un paravent ou se reflétant sur un mur, comme un complément des textures naturelles et des couleurs douces d'une pièce meublée de tatamis et de paravents *shoji*. Combiné avec la lumière naturelle, un tel éclairage permet de jouer avec les lumières et les ombres dans la pièce et de tirer avantage des changements des saisons ou de ceux de vos humeurs.

À droite

Une salle à manger dégagée et claire avec des lignes nettes et des matériaux naturels. La lumière du jour ruisselle dans la pièce, qui jouit aussi du bénéfice supplémentaire d'une vue et d'un accès au jardin. Une joie à utiliser et facile à dépoussiérer.

ameublement et éclairage ▲ 93

Besoins intérieurs et confort physique

Le Zen n'est pas attaché au déni ou à la frugalité.

Toutefois, il suggère que la vie peut être plus intense et la paix de l'esprit plus facilement atteinte dans un environnement calme. On élimine l'ostentation et on cultive la simplicité. Cette austérité du goût se conforme à l'esthétique Zen du *shibui*, interprété par Frank Lloyd Wright comme étant "l'élimination de l'insignifiant". Le *shibui* n'incitera pas au confort ou au plaisir esthétique, mais mettra en évidence l'importance de la qualité des matériaux dont on décore et on meuble sa maison. Dans l'idéal, on choisira l'article de la meilleure qualité, le plus confortable, le plus adapté à ses besoins, celui qui exprime le mieux l'engagement à la simplicité.

Wabi et *sabi* sont deux concepts d'inspiration Zen, qui ont profondément influencé la vie culturelle japonaise, y compris l'architecture et le design. *Wabi* se réfère à la beauté voilée inhérente à la simplicité et à la sérénité ; *sabi*, à une élégance raffinée – dans la manière dont les objets vieillissent et embellissent grâce à la patine, suscitant ainsi un profond sentiment de respect chez celui qui les regarde. Ensemble, ces deux concepts parlent de l'appréciation des objets quotidiens simples, tels des bols ou des fouets à thé en bambou, utilisés avec raffinement. *Wabi* se réfère aussi aux joies simples de la vie dans une chaumière primitive, telle qu'une maison de thé japonaise, capable de générer le désir de renoncer au monde matériel pour les merveilles de la nature et la contemplation. Lorsque ce sentiment de simplicité naturelle est associé à un sentiment de rusticité primitive, il engendre le *sabi*.

La philosophie générale sous-tendant le *shibui*, *wabi* et *sabi* s'applique même aux tâches les plus élémentaires et aux objets ordinaires. Par exemple, le cuisinier Zen est jugé, non d'après la variété ou la somptuosité de ses plats, mais d'après la qualité du riz cuit qui, en signe de son importance, est servi à la fin du repas. Appliquées à son espace de vie ou même juste à une zone de la maison, la simplicité et la beauté trouvées dans l'expression Zen offrent un endroit où on peut se reposer des stress de la vie moderne et entretenir le calme.

Ci-dessus
Le petit âtre encadre et met en valeur la chaleur d'un vrai feu. Même s'il n'est pas allumé, les bûches soigneusement empilées donnent à l'âtre un aspect accueillant.

Objets et décorations

Parmi les lignes simples et nettes d'une pièce d'inspiration Zen, le regard s'arrête sur le particulier, excluant le général.

On utilise peu d'objets et de décorations, qui doivent promouvoir la contemplation et l'attention. Les points de mire n'ont pas à être grands ou impressionnants. Ce seront des objets simples, naturels, tels qu'une collection de coquillages, du bois flotté, des céramiques artisanales façonnées d'argile et de vernis, ou des objets en bois mettant en valeur le grain et la texture de ce matériau. C'est une approche souple, faisant usage des matériaux naturels disponibles. Par exemple, quelques feuilles de marronnier et une poignée de marrons fraîchement tombés de l'arbre peuvent marquer le début de l'automne et symboliser la qualité transitoire de la vie.

Les fleurs sont l'ultime accessoire remplaçable. Leur infinie variété offre une telle gamme de couleurs et de formes qu'on peut employer une fleur différente chaque semaine. La fragrance envahit aussi la pièce ; utilisez donc des fleurs de saison parfumées, comme les narcisses, les roses, les mimosas et le jasmin. Quand il n'y a pas de fleurs, un bol d'eau au fond duquel sont disposés des cailloux soigneusement choisis ou un plateau en bois avec des cônes ou des écorces de pin sera attirant. Même les épices, comme l'anis étoilé, les clous de girofle, l'écorce de cannelle et la noix de muscade ont un aspect agréable.

Le point de mire de toute pièce de style Zen est le *tokonoma*. Cette alcôve est une zone où s'expriment la beauté et le caractère éphémère de la vie. Il est rare de trouver plus de trois ou quatre objets à la fois : un rouleau suspendu représentant un paysage idéalisé ou un poème écrit dans le style libre de la calligraphie traditionnelle (*shodo*), un arrangement floral traditionnel (*ikebana*), parfois un fruit, un morceau de bois flotté ou une pierre sculptée par les intempéries, et d'habitude un seul bâtonnet d'encens d'où s'échappe une colonne doucement vacillante de fumée odorante. En plus de susciter une réflexion et de plaire au regard, les éléments individuels doivent s'harmoniser l'un avec l'autre. Tout arrangement est temporaire, et renouvelé sans cesse. Le *tokonoma* est une aide à la contemplation et une manifestation du principe bouddhique *mujo*, le caractère éphémère de toutes les choses.

Ci-dessus
Les objets personnels satisfont à l'appel qu'ont les choses pour le cœur humain.

Intérieur et extérieur

Une tradition centenaire, estomper les frontières entre l'intérieur et l'extérieur, existe au Japon.

Thomas Hoover évoque parfaitement cette relation entre les hommes, la maison et le jardin.

Le lien entre l'intérieur et l'extérieur est constitué par l'*engawa*, la véranda, qui offre un endroit pour le travail et la relaxation, et parfois pour la méditation zazen. Les vérandas surélevées protégées par des avant-toits sont un point d'observation idéal pour voir le jardin. On peut même prolonger la plate-forme en bois jusqu'au jardin. Si un tel arrangement n'est pas possible, alors le lien entre l'intérieur et l'extérieur peut être créé en plaçant des formes naturelles dans la maison : plantes, arrangements floraux, un vase de rameaux, pierres, coquillages et sculptures en bois. Une serre aux parois et toit en verre ou un jardin sur le toit offrent aussi un moyen idéal de relier la maison et le jardin.

Pendant que l'invité s'agenouille sur les coussins et boit du thé vert, l'hôte peut faire glisser un *shoji* pour révéler le jardin ouvert de la cour intérieure, son abstraction personnelle du paysage naturel. Les fleurs sont intentionnellement absentes, mais leur place peut être prise par de minces pins pointus, une mare et des sentiers recouverts de gravillons. La rosée scintille sur les pierres moussues (ou l'eau du récent arrosage effectué par l'hôte en préparation de la venue de ses invités), et l'air sent la verdure. L'illusion disparaît seulement après une inspection attentive et le jardin se révèle être une minuscule parcelle entourée des bambous et d'une clôture en plâtre. Le monde naturel a été extrait et résumé en une unique vue, aussi authentique que la forêt et aussi artistiquement détaillée qu'une miniature flamande. Cette vue – héritage du style *shoin* – est essentielle pour la magie esthétique de la maison, car elle réunit l'œuvre humaine et celle naturelle d'une façon qui estompe leur différence.

Thomas Hoover, *Zen Culture*

Ci-dessus
La plate-forme en bois offre un lien entre le jardin et la maison ; une cour intérieure pour la famille ou pour la relaxation solitaire. Deux séries de portes apportent de l'air frais dans la maison, tandis que les plantes en pots relient l'intérieur et l'extérieur.

À droite
La cuvette circulaire, le pilier et la jarre contrastent agréablement avec les lignes droites de la plate-forme, des panneaux coulissants et de la lumière du ciel.

intérieur et extérieur ▲ 97

Rangement

Du point de vue Zen, la sensation d'espace, d'ordre, de lumière et d'ouverture favorise le calme mental et spirituel. Cela ne veut pas dire qu'on doit être peu intéressé par ses biens, mais que de bons rangements sont essentiels pour créer cette atmosphère.

Les Japonais ont transformé le rangement en une forme d'art : les paquets, les emballages et les rangements ouverts prennent d'innombrables formes. Un cadeau sera toujours présenté joliment emballé et reposant souvent dans une boîte artisanale pour le rangement et la protection. Les boîtes emboîtables sont préférées : elles fournissent un rangement propre, portable qui, lorsqu'il n'est pas utilisé, économise l'espace. Pour les petits appartements, les Japonais ont découvert que les placards intégrés à portes coulissantes offrent la meilleure solution de rangement pour les objets domestiques encombrants. Leur extérieur est discret et les portes coulissantes ont moins besoin d'espace que les portes pivotantes. Dans la maison occidentale, les stores ou les rideaux peuvent remplacer les portes coulissantes. L'espace en dessous d'un lit de style occidental est une autre bonne place pour ranger et dissimuler des objets. Les boîtes (en bois ou en plastique) à roulettes sont idéales pour un accès et un nettoyage faciles.

Dans la tradition japonaise, les seuls meubles qui correspondent quelque peu à la notion occidentale de rangement sont les grands coffres, les *tansu*. Fabriqués d'habitude en pin ou en cèdre, ce sont des coffres-forts portables. En Occident, ils peuvent servir de zone de rangement et d'exposition. Un coffre oblong ou carré (en bois, peint, laqué ou simplement ciré) offre un excellent rangement pour des articles saisonniers (vêtements) ou rarement utilisés (couvertures). On peut placer dessus des fleurs ou des décorations. Tout aussi important, jeter ce que vous n'utilisez ou ne voulez plus. Vous aurez ainsi besoin de moins d'espace de rangement et vous rangerez mieux les objets restants.

À gauche
Un grand coffre en bois est le point de mire de cet intérieur brillant. En plus d'être un beau meuble, il offre aussi un excellent rangement et une surface pour y disposer des fleurs.

Planchers et paravents

Les tatamis couvrent toute la surface des zones de vie, sauf la salle de bains et la cuisine. On marche dessus, on s'y assoit, on y dort.

Un tatami a une surface de 0,9 m sur 1,8 m et une épaisseur de 5 cm. Constitué d'une partie centrale en paille très serrée, un revêtement en jonc et deux bordures en tissu, le tatami isole du froid et du bruit, est étonnamment chaud sous le pied, confortable quand on s'y allonge ou s'y assoit. Conformément à l'idéal Zen, il est fabriqué en matériaux naturels et a une qualité vivante, accentuée par le reflet de lumière sur les nattes.

Les tatamis sont intrinsèquement liés au Zen, car chaque moine novice dispose d'un espace de vie, consistant en une natte sur une estrade surélevée, dans un dortoir combiné avec un hall de méditation. Chaque moine dort et pratique la méditation *zazen* sur son tatami.

Le tatami permet aussi d'estimer facilement la taille d'un appartement japonais. On se réfère à la surface de chaque pièce par le nombre de nattes qu'elle peut contenir (par exemple, 4, 5, 8, 10). Dans une maison occidentale, deux tatamis placés ensemble ou dans un cadre, peuvent devenir la base d'un double futon, une zone de méditation ou un endroit où peuvent s'asseoir autour d'une petite table entre quatre et six personnes, pour partager un casse-croûte, un verre ou une partie de cartes.

À droite
Les couleurs neutres et les textures contrastantes juxtaposées à la présentation simple et la forme naturelle du vase transparent et des rameaux confèrent à cette zone un sentiment de sérénité.

Les paravents coulissants japonais, les *shoji*, sont fabriqués en recouvrant l'un ou les deux côtés d'un grillage en bois avec du papier de riz translucide, qui laisse entrer dans la pièce une lumière douce. À mesure que la lumière change au cours de la journée, la qualité de l'éclairage créé par le *shoji* change aussi, tout comme les ombres de la structure géométrique du paravent sur le plancher recouvert de tatamis. Le papier de riz respire, ce qui assure une bonne ventilation.

Le *shoji* a de nombreux usages dans la maison occidentale : remplacement des rideaux pour contrôler la lumière entrant dans la pièce, pour cacher une vue peu agréable, pour séparer les diverses zones. À l'extérieur, ils entoureront la véranda.

Matériaux naturels

Dans la tradition taoïste, qui a influencé profondément le développement du Zen, les cinq éléments, bois, feu, terre, métal et eau étaient tenus pour les composants essentiels du monde physique.

Cette sympathie pour la nature, qui a tellement intrigué les premiers visiteurs occidentaux du Japon, continue à être une source pour les interprétations modernes de l'idéal Zen. Au tréfonds de la psyché japonaise on trouve une grande révérence pour le monde naturel et les matériaux y provenant – un bûcheron japonais moderne s'incline devant l'arbre qu'il va couper et s'en excuse.

Bois

Les matériaux sont utilisés autant que possible dans leur état naturel, afin d'intensifier le lien entre l'environnement humain et le monde naturel. Ainsi, l'architecture traditionnelle japonaise est en grande partie une célébration du bois, employé pour créer des structures légères très solides et flexibles. Les éléments en bois sont rarement peints ou dissimulés ; au contraire, le grain et le lustre naturels du bois de construction sont soulignés par un huilage et un polissage soigneux, pour faire ressortir sa texture subtile, individuelle. Le papier fait à la main a une texture extrêmement riche et variée, reflétant les nombreux types de matières végétales utilisés pour le créer. Le papier de riz huilé confère un éclat translucide aux paravents *shoji*.

Le bois est aussi préféré pour l'attirance qu'il exerce sur l'odorat et le toucher, ainsi que pour la satisfaction visuelle qu'il procure. Les commodes doublées de cèdre ou de bois de santal imprègnent les vêtements d'une délicate fragrance et éloignent les insectes, alors que l'arôme de pin montant d'une baignoire en bois remplie d'eau chaude évoque les pinèdes. Le bois est encore utilisé pour les objets courants de conception ancienne – cuvettes et louches pour le bain, sabots en bois pour le jardinage – dont la séduction est éternelle.

Bambou

Dans un pays si peu riche en matières naturelles, le bambou a un rôle fonctionnel et en même temps une signification symbolique. Résistant, léger, pratiquement imperméable et flexible, il est donc bien adapté à l'usage structurel à l'intérieur et à l'extérieur de la maison : échafaudages, palissades ouvragées, stores pour dévier le soleil ardent du milieu de l'été, bâti des parasols géants (*janome*), maisons d'été temporaires et grands éventails. Le bambou

À gauche
L'intérieur Zen inclut d'habitude un ou deux objets naturels simples, mais beaux. Cette superbe combinaison d'artichaut et de plat à trois pieds remplit ce rôle avec créativité.

Ci-dessus
Une table en bambou est en même temps délicate et solide – parfait support pour les plats et les couverts.

est aussi largement utilisé pour les objets nécessaires à la cérémonie du thé, depuis le vase *ikebana* crée pour un élément de la plante jusqu'au fouet dont les brins délicats sont coupés un à un dans une tige. Le bambou pousse très rapidement – jusqu'à 90 cm par jour, si les conditions climatiques sont favorables – et cette image de vigueur et d'élasticité attire particulièrement l'école du "guerrier Zen".

Dans une maison ou un jardin japonais typique, l'aspect et la sensation de l'ensemble sont plus importants que toute caractéristique dominante. Cette idée est incarnée par le concept d'asymétrie. Comparé à sa contrepartie occidentale, le jardin ou la maison classique Zen a un design discret, l'accent étant mis sur l'asymétrie "naturelle" et l'harmonie spatiale plutôt que sur la symétrie et la forme géométrique.

Propreté et ordre

Dans la tradition Zen, la propreté et l'ordre sont considérés comme essentiels pour une bonne santé physique, un sentiment de bien-être et de calme.

La société japonaise reflète ceci dans l'attitude du propriétaire, pour qui un standard élevé de gestion domestique est une priorité personnelle et culturelle. Celle-ci apparaît même dans la langue japonaise : *kiri*, adjectif commun signifiant "beau", a aussi le sens de "propre, net et ordonné".

Au lieu de consacrer des heures au nettoyage de leur maison ou, dans le cas des moines Zen, de leur temple, les Japonais se concentrent sur le maintien de la poussière à l'extérieur. À cette fin, la plupart des maisons et des temples possèdent une zone vestibule (*genkan*), située à l'entrée. Les occupants ou les visiteurs y laissent leurs chaussures avant de passer sur une estrade surélevée où ils chaussent une paire de chaussures d'intérieur légères, puis traverser les planchers en bois des couloirs intérieurs vers les pièces intérieures recouvertes de tatamis. Ici, on enlève les chaussures d'intérieur et on entre pieds nus ou en chaussettes. La rue, le vestibule, les couloirs en bois et les pièces nattées représentent quatre niveaux décroissants de connexion entre les endroits publics et privés. Les animaux sont normalement interdits au-delà du *genkan*, bien qu'on les laisse dormir et s'abriter là. La poussière du *genkan* est balayée dans la rue ou dans le jardin.

Bien entendu, même si on en prend grand soin, les objets domestiques, spécialement les tatamis s'usent et doivent être remplacés. Comme pour tous les aspects de la culture bouddhique, la meilleure saison pour ce faire est à la veille de la Nouvelle année, symbolisant le renouveau, la renaissance et les nouveaux commencements. Il est impératif de commencer l'année en ayant jeté tout objet usé ou cassé et en ayant payé toute dette.

"Moins est plus"

Le design Zen permet aux objets d'une pièce d'être plus visibles et facilite l'atteinte de l'équilibre et de l'harmonie. Toutefois, le Zen n'a pas de règles strictes. On ne doit pas sacrifier le caractère naturel et la beauté à la propreté et à l'ordre, comme le montre l'histoire suivante :

> Rikiu regardait son fils Shoan qui balayait et arrosait le sentier du jardin. "Ce n'est pas assez propre", dit-il quand Shoan avait fini sa tâche, et lui ordonna de recommencer.
>
> Après une heure épuisante, le fils se tourna vers Rikiu : "Père, il n'y a rien d'autre à faire. Les marches ont été lavées pour la troisième fois, les lanternes de pierre et les arbres sont bien arrosés, la mousse et les lichens brillent de fraîcheur, pas un rameau, pas une feuille ne sont restés sur le sol."
>
> "Jeune fou, réprimanda le père, ce n'est pas ainsi qu'on doit balayer un sentier de jardin." Disant cela, Rikiu passa dans le jardin, secoua un arbre et répandit dans le jardin des feuilles dorées et cramoisies, morceaux du brocart de l'automne ! Ce que Rikiu demandait n'était pas uniquement la propreté, mais aussi la beauté et le naturel.

Okakura Kazuko, *Le Livre du thé*

À droite
Les lignes droites et la construction simple de cette zone consacrée à la toilette ont pour toile de fond les formes naturelles et la lumière du jardin adjacent, ainsi que la sensation d'inachevé du mur de séparation. Un mélange de plaisir esthétique et sensuel.

À gauche
La propreté, l'ordre et la forme naturelle se combinent joliment dans ce vestibule pour illustrer l'éthique Zen. Enlever ses chaussures aide à diminuer la quantité de poussière pénétrant dans le bâtiment.

104 ▲ le zen dans votre maison

Espace et éclairage

L'intérieur Zen est une suite interconnectée d'espaces fluctuants – chaque pièce (sauf la cuisine et la salle de bains) étant tenue pour un canevas vierge, qu'on adapte aux besoins de ses occupants.

Le voleur a laissé derrière lui
la lune
à la fenêtre.
Ryôkan (1758-1831)

Pour obtenir une impression d'espace il faut entretenir un environnement net et rangé. La pièce d'inspiration Zen renferme peu d'objets, mais ceux-ci sont choisis avec une grande attention pour le détail et la qualité de leur matériel. Un sentiment sous-jacent de spiritualité permet de comprendre l'apparente simplicité de cet intérieur Zen. L'espace et l'absence de décoration ne sont pas un "manque" dans l'esthétique Zen, car le vide possède une qualité en lui-même. Sur un plan plus pratique, le minimalisme de cet intérieur "simple" ne coûte pas cher et est un choix juste si on désire préserver les ressources et les matières naturelles.

Le bouddhisme Zen n'est pas une philosophie du sacrifice de soi, bien qu'il encourage la culture de l'intuition personnelle par l'élimination de l'inutile afin de se concentrer sur ce qui est important. Dans le Zen, il s'agit de clarté du mental et de l'intensification de la vie intérieure, toutes deux favorisées par un environnement calme. À partir de là, on peut espérer développer l'inspiration, la créativité et la libre expression de la pensée.

Le jeu de lumières

L'espace et les formes qu'il renferme offrent aussi une arène pour le jeu de lumières. L'intérieur Zen est conçu pour être mis en valeur par la lumière, naturelle ou artificielle, filtrant à travers un matériel translucide. La lumière sera utilisée pour souligner une forme ou un contour, ainsi que pour créer un sens d'harmonie et un environnement tranquille incitant à la contemplation. Dans les maisons japonaises traditionnelles et les temples Zen, on a toujours préféré l'éclairage indirect créé par la diffusion de la lumière naturelle à travers le *shoji* formant et séparant les pièces. Dans les maisons plus modernes, on peut choisir d'utiliser des stores ou des paravents pliants translucides ou en lamelles. La lumière naturelle du jour, non atténuée, est bien entendu une merveilleuse source d'éclairage variable de la maison Zen. Le motif complexe de lumière et d'ombre d'une journée ensoleillée ou la lumière pâlissante de l'aube et du crépuscule récompensent singulièrement la conscience sereine.

Immobilité des arbres
silence des agneaux
crépuscule d'hiver.
Ken Jones, poète gallois

À gauche

Cette zone de repas est baignée de lumière naturelle. Les couleurs claires de la pièce et la disposition très simple de la table mettent en valeur un vase de délicates fleurs blanches, symboles de régénération.

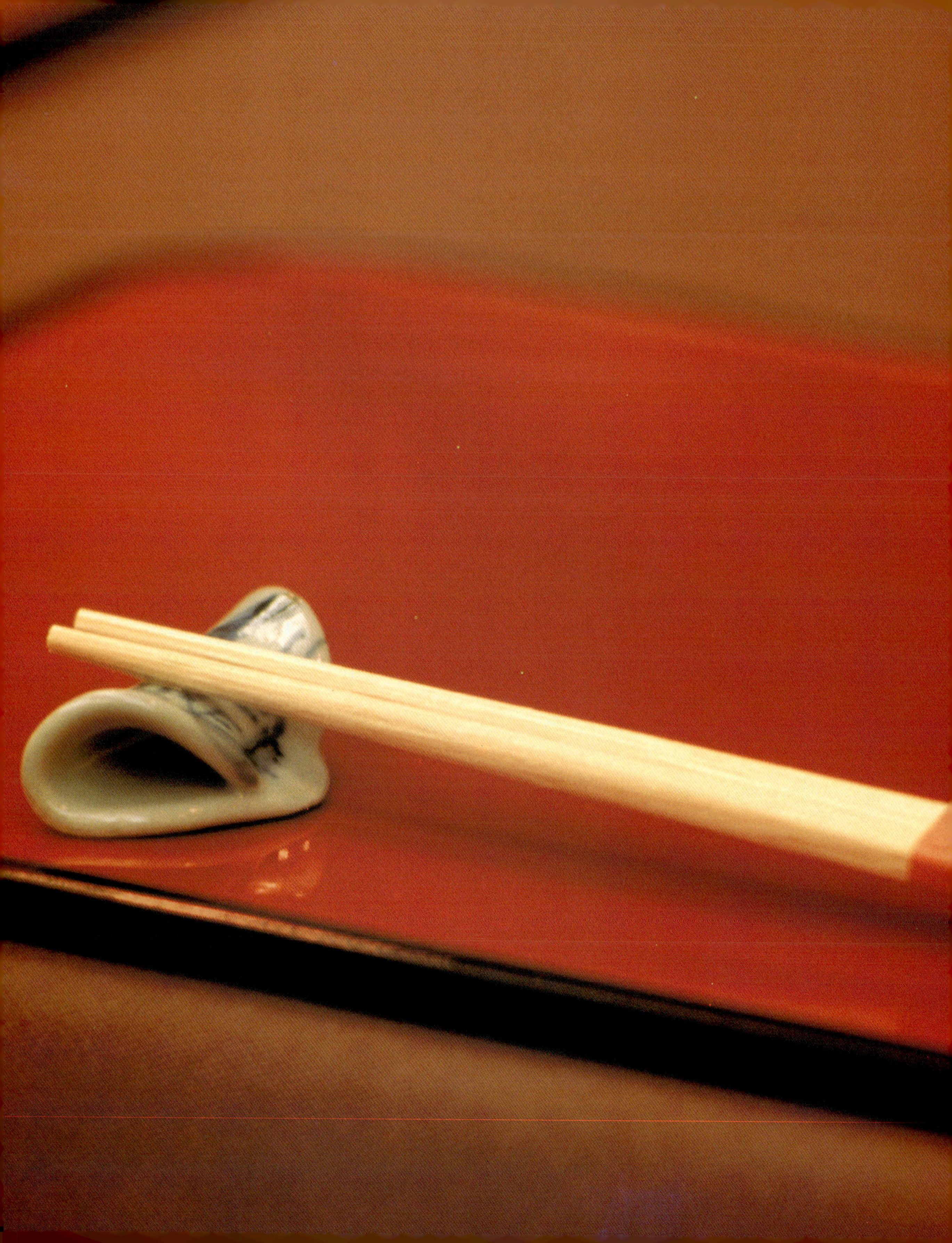

Le ZEN
dans votre cuisine

Comme pour d'autres voies spirituelles, la préparation correcte de la nourriture et un bon régime alimentaire font partie intégrante de l'enseignement Zen. Tout comme l'arrangement de la maison et du jardin, la cuisine japonaise a été influencée par la tradition Zen. La philosophie Zen de la préparation des aliments est résumée par le style de cuisine *shojin-ryori*.

Nourriture Zen (shojin-ryori)

On peut traduire *shojin-ryori* par "cuisine aux légumes", mais le terme comporte l'idée de préparation du développement spirituel.

Bien que notre vie moderne soit dotée de beaucoup de confort, nous nous sommes progressivement éloignés de notre environnement naturel. La vie dans des maisons chauffées et équipées d'air conditionné nous a isolés des changements saisonniers. Nous tendons à oublier la douce brise au sommet des arbres et les chauds rayons du soleil. Au lieu de voiler ses plaisirs, la cuisine shojin met plutôt l'accent là-dessus. En hiver, par un jour froid et neigeux, on se penche sur un bol de soupe bouillante, se réchauffant le bout des doigts à sa chaleur. Dans la chaleur de l'été, on mange des nouilles froides sur un lit de glace et de feuilles vert foncé. Ou on savoure le tofu blanc froid, qui flotte dans l'eau claire.

Soei Yoneda, Abbesse du temple Sanko-in

Le but du *shojin-ryori* est de contribuer à la santé physique, mentale et spirituelle du cuisinier, ainsi qu'à celle des personnes qui consomment la nourriture.

Le cuisinier *shojin* met l'accent sur l'importance des repas simples et nutritifs, préparés à partir d'aliments de saison. Au Japon, cela comprend le riz, les légumes frais et marinés (algues de mer) et les produits à base de germes de soja, comme le *miso*, le *tofu* (fromage de soja) et le *shoyu* (sauce de soja). En se servant de ces ingrédients, le cuisinier vise à préparer des plats qui attirent le regard, où se mélangent harmonieusement les saveurs et les textures.

La cuisine *shojin* a ses origines en Chine. Sa philosophie sous-jacente a été ramenée au Japon par les moines ayant séjourné en Chine pour étudier le Chan. Parmi les plus célèbres, Eihei Dôgen, qui a rédigé deux traités sur ce sujet, dont les *Instructions au cuisinier zen,* devenu ouvrage de référence dans beaucoup de monastères Zen. Les principes prônés ont aussi influencé les développements plus généraux de la cuisine japonaise. Jusqu'à ce jour, un repas japonais dans les règles sera cuisiné et présentée par le chef avec l'intention d'inspirer les sens et l'esprit des convives. Avant d'établir le menu, la saison, l'endroit, les facteurs religieux et/ou culturels sont pris en considération. La nourriture servie et sa présentation dicteront la nature des assiettes et des bols utilisés. La vaisselle en céramique, en bois ou en laque est sélectionnée pour chaque plat selon son harmonie avec la couleur, la texture et l'aspect de la nourriture. Celle-ci est disposée – presque sculptée – au centre de l'assiette ou du bol choisi et délicatement garnie avant d'être servie. Même dans un cadre commercial, le repas reflète les attitudes philosophiques ainsi que culinaires.

"Remède"

La cuisine *shojin* est appelée aussi *yukeseki*, remède. Elle incarne le même principe que le système médical ayurvédique de l'Inde. Cette école de pensée considère que le choix et la préparation des aliments sont inséparables du traitement de la ma-

nourriture zen • 109

ladie et de l'entretien de la santé. Le point de vue de la médecine traditionnelle chinoise est le même : *Si on tombe malade, on doit examiner en premier lieu son alimentation, puis bien choisir, mastiquer soigneusement et rendre grâces. De cette façon, les pouvoirs curatifs naturels dont est doué le genre humain peuvent agir pleinement et presque toutes les maladies seront vaincues.*
D. Scott et T. Pappas, *Three Bowls Cookbook*

Le Zen prône traditionnellement le régime végétarien. Le pratiquant ne doit manger aucune viande, hors circonstances précisément définies. Cette pratique est basée sur le principe bouddhique de ne tuer aucun être doué de sensibilité, ce qui affirme l'interdépendance et l'unité de la vie. Il est important, toutefois, de préciser que certains adeptes du Zen consomment de la viande par choix personnel.

Soûtras avant le repas

Avant chaque repas, le pratiquant Zen récite un soûtra, pour rappeler aux convives la voie du Bouddha. Il y a des soûtras pour les différents moments du jour ou de la saison, pour les occasions particulières. À la plupart des repas on entend *Gokan no be*, les Cinq réflexions avant le repas. On le psalmodie dans une diversité de formes, portant toutes le même message. Voilà une citation d'une variante psalmodiée au principal repas de la journée :

Conducteur
Nous offrons ce repas de trois vertus et six goûts au Bouddha, au Dharma, à la Sangha et à toute la vie des mondes du Dharma.

Les convives
D'abord, 72 labeurs nous ont apporté cette nourriture ; nous devons savoir comment nous l'avons eue.

Deuxièmement, quand nous recevons cette offrande, nous devons déterminer si notre vertu et notre pratique la méritent.

Troisièmement, de même que nous souhaitons que l'ordre naturel du mental soit libre d'attaches, nous devons être dépourvus d'avidité.

Quatrièmement, nous prenons cette nourriture pour soutenir notre vie.

Cinquièmement, nous prenons cette nourriture pour aboutir à notre Voie.

La première partie de la réponse rappelle l'effort que de nombreuses personnes ont mis dans la culture, la récolte, le traitement, la préparation et le service de la nourriture sur le point d'être mangée, et la quantité limitée qu'on peut cultiver à l'aide des dons naturels du soleil, de la pluie et du sol. La seconde partie s'interroge si on a agi avec assez de charité, d'amour et d'effort pour mériter un tel présent. La troisième partie conseille de ne pas être cupide et, en ne mangeant pas trop, de se souvenir des gens qui ont faim. La quatrième partie exprime l'idée que la nourriture est un remède nécessaire pour soutenir la force physique et spirituelle. Enfin, la cinquième rappelle qu'on mange pour pouvoir suivre la Voie du Bouddha et pour exprimer la nature de Bouddha dans le monde.

En japonais, le mot *shojin* est formé des caractères "esprit" et "progresser", la signification complète étant à peu près "consécration à la progression le long de la voie vers le salut". Toutefois, le principe sous-jacent du *shojin-ryori* est très simple, amour et gratitude pour la nourriture reçue. Préparer et partager la nourriture devient ainsi un élément de la pratique religieuse et prend sa place parmi d'autres contributions au bien-être de la société et au nôtre.

Dôgen Zenji a dit : "Préparer la nourriture, c'est apporter confort à la grande assemblée." Celui qui a préparé un repas pour la personne aimée, la famille, les amis, tout ce qui existe, a dû noter l'impression agréable des convives. À mesure que les couleurs et les saveurs se mêlent à la certitude du cuisinier que le repas sera bon, un sentiment d'amour imprègne celui-ci, la nourriture, le hall de méditation. Les gens ont déjà profité du repas avant de l'avoir mangé. Le cuisinier le perçoit et éprouve un sentiment du bien-être.

Tom Pappas, *Three Bowls Cookbook*

Préparer la nourriture

Quand vous préparez la nourriture, ne voyez pas avec le regard ordinaire et ne pensez pas avec un mental ordinaire… Ne soyez pas négligent, même si vos ingrédients ne sont pas très fins, et faites des efforts même quand vous en avez d'excellents. Si vous changez votre attitude à l'égard des ingrédients, c'est comme si vous choisissez vos mots en fonction des gens. Vous n'êtes pas alors un pratiquant de la Voie… un potage crémeux n'est pas nécessairement meilleur qu'un bouillon d'herbes sauvages. Quand vous ramassez et préparez des herbes sauvages, faites-le avec un mental sincère et pur, comme s'il s'agissait d'une crème raffinée. Car lorsque vous servez l'assemblée – l'océan pur du Bouddha Dharma – vous ne remarquez pas le goût du potage crémeux raffiné ou celui des herbes sauvages. Le grand océan n'a qu'un goût. C'est encore plus vrai quand vous générez les bourgeons de la Voie et nourrissez le corps sacré.

Eihei Dôgen (1200-1253)

La cuisine des trois bols

Une traduction brute du mot japonais *oriyoki* est *"ce qui contient juste assez"*. Mais dans un sens plus large, ce mot se réfère à l'utilisation cérémonielle des bols durant les repas silencieux dans le monastère Zen.

Spécifiquement, le mot se réfère au set de bols reçu par chaque moine lors de son ordination. Les moines reçoivent leur nourriture dans trois de ces bols. Il y a deux repas principaux dans la journée, le petit-déjeuner et le dîner. La nourriture est végétarienne, et les trois bols sont équilibrés nutritionnellement et esthétiquement, avec l'intention de satisfaire les besoins corporels et spirituels.

L'étiquette traditionnelle de maniement des bols et des ustensiles est extrêmement raffinée. Par exemple, avant de manger, les moines lèvent leur bol enveloppé d'un tissu au-dessus de leur tête, dans un geste d'offrande respectueuse. Le bol est toujours tenu des deux mains, avec le pouce, l'index et le médius (représentant les Trois trésors : le Bouddha, le Dharma et la Sangha). Des soûtras psalmodiés avant et après le repas confèrent un plus de signification spirituelle à celui-ci.

Le set *oriyoki* du laïque

Les sets *oriyoki* utilisés par les moines Zen sont très semblables à ceux des monastères chinois Zen il y a plus d'un millier d'années. Toutefois, une version réduite est apparue maintenant en Occident pour les laïques, comprenant les articles suivants :

1. Un grand bol de Bouddha.
2. Deux bols plus petits.
3. Une cuillère en bois ou en métal et des baguettes.
4. Une spatule, *setsu*, pour nettoyer le bol.
5. Une natte pour les bols, utilisée aussi pour recouvrir le set *oriyoki*.
6. Une serviette de table, un torchon et un support en tissu pour la cuillère, les baguettes et la spatule.

Normalement, le grand bol sert pour les féculents : pâtes, pommes de terre, courge. Un des bols plus petits contient un aliment protéiné (tel que le tofu) ou une combinaison de graines, de produits lactés et de légumes secs. L'autre petit bol peut servir pour une boisson, une salade ou un légume, un désert ou un fruit. Les trois bols contiennent l'ensemble du menu.

La combinaison de trois bols est conçue non seulement pour être appétissante et nutritive, mais aussi adaptée à la saison. En hiver, notre corps a besoin de repas épais, nourrissants, chaud, tandis que dans la chaleur de l'été il lui faut des repas plus légers, des portions plus réduites, à base d'ingrédients frais.

À l'origine, en Inde et en Chine, les moines errants se servaient d'un seul bol. La tradition bouddhique a mis en valeur la robe et le bol du moine, qui symbolisent les choses les plus nécessaires pour soutenir la vie : l'un entretient extérieure-

la cuisine des trois bols • 113

ment (vêtement, abri), l'autre intérieurement (nourriture). Aux premiers jours du bouddhisme, la transmission de la robe et du bol était un symbole important de la survie de la lignée de succession patriarcale. De ce point de vue, ces objets représentaient le Bouddha. En les utilisant, le patriarche soulignait l'existence ininterrompue du Bouddha. Tom Pappas écrit :

> Au commencement d'un repas, à mesure que la psalmodie s'estompe, le regard du moine s'abaisse de la posture méditative sur les plats du jour. Cette perspective, cette sensation de faim sur le point d'être apaisée, est probablement la même qu'il y a mille ans. Des rangées de moines, parfois jusqu'à mille, attendaient la nourriture servie dans le hall de méditation – chaque set de bols une histoire différente, une marque de satisfaction ou de déception. Les sentiments de grâce, de droit, d'apitoiement de soi et de mécontentement alternaient à mesure que chaque moine voyait les plats du jour. L'*oriyoki* est une occasion d'étudier les attitudes les plus fondamentales envers la nourriture. Le fait de manger est rarement dépouillé jusqu'à sa composante la plus basique, séparé de la socialisation, du coût ou de la préparation. C'est simple : la nourriture apparaît brusquement devant soi, on la consomme et la faim est apaisée.

D. Scott et T. Pappas, *Three Bowls Cookbook*

Tenzo

Dans ses *Instruction au cuisinier zen*, Eihei Dôgen explique soigneusement les qualités qu'il faut chercher chez le cuisinier, *tenzo*, qui travaille dans le monastère. Il écrit que l'emploi de *tenzo* doit revenir seulement à ceux qui montrent leur foi dans les enseignements bouddhiques, qui ont une riche expérience et possèdent un cœur juste et bienveillant.

Tout ceci parce que l'emploi de *tenzo* implique l'ensemble de la personne. Ensuite, Dôgen souligne que si les gens auxquels on confie ce poste sont dépourvus des qualités ou de l'esprit nécessaire, ils affronteront des épreuves et des souffrances inutiles et leur travail n'aura aucune valeur pour leur aboutissement à la Voie.

Le même sentiment est exprimé par le moine chinois Zongze (décédé vers 1102), qui a rédigé un traité en dix volumes, les *Regulations for Zen Monasteries*. Il dit au *tenzo* :

"Mets au travail ton mental éveillé, fais l'effort constant de servir des repas très variés, appropriés aux besoins et à l'occasion. Cela permettra à tous de pratiquer avec leur corps et leur mental, sans la moindre entrave."

Une autre caractéristique de la cuisine *shojin* est l'utilisation complète des aliments, même des épluchures. Le cuisinier Zen aura du talent tant pour la planification d'un repas que pour sa préparation. Selon Dôgen, le cuisinier doit calculer les quantités nécessaires jusqu'au dernier grain de riz. Bien entendu, il est extrêmement difficile de préparer des repas dans le juste état d'esprit. La façon la plus sage de commencer est probablement de consacrer toute son attention aux tâches les plus simples : *"quand vous lavez du riz, concentrez-vous sur le lavage et ne laissez interférer aucune distraction."*

Dans le *Good Food from a Japanese Temple* Soei Yoneda décrit le travail du cuisinier Zen en des termes très pratiques :

Il est impératif pour le *tenzo* de s'impliquer activement dans le choix et la préparation des ingrédients. Le *tenzo* vérifie le riz à mesure que celui-ci est lavé, pour s'assurer de l'absence de sable ou de gravillons. Il enlève ceux-ci soigneusement, mais fait attention à ce qu'on ne gaspille pas même un grain de riz. Il ne laisse son mental errer à aucun moment en nettoyant le riz. Le *tenzo* est aussi concerné par les "six goûts" et les "trois vertus" (*rokumi santoku*). Les six goûts sont l'amer, l'âcre, le sucré, l'épicé, le salé et le "délicat". Le *tenzo* doit les équilibrer efficacement, en leur incorporant les trois vertus de la légèreté et de la douceur, de la propreté et de la fraîcheur, de la précision et du soin. Ce faisant, il exprime l'esprit de la cuisine *shojin*. L'équilibre des six goûts et des trois vertus se produit naturellement quand le *tenzo* s'implique totalement et se concentre sur la tâche en cours, le tri du riz, le lavage des légumes, la cuisson du plat et tous les autres aspects du processus de préparation.

L'alchimie de la cuisine

Dans leur *Comment accommoder sa vie à la manière zen,* Bernard Glassman et Rick Fields écrivent :

> La cuisine, comme la vie, concerne la transformation. Quand on cuisine, on travaille directement avec les forces élémentales du feu et de la chaleur, de l'eau, du métal et de l'argile. On pose le couvercle sur le récipient et on attend que le feu transforme le riz, ou on mélange la pâte avec de la levure et on la met à cuire au four. Il y a là quelque chose de caché, de presque magique… Mais on doit aussi surveiller les choses et se méfier de ce qui se passe. Le cuisinier Zen expérimenté est en quelque sorte un alchimiste. Il peut transformer les poisons en vertus. Le cuisinier Zen ne le fait pas en ajoutant un ingrédient secret, mais en renonçant à quelque chose : à l'attachement au moi.

Ci-dessous

Le cuisinier Zen doit consacrer son attention même aux tâches les plus simples, comme la préparation du riz pour le repas.

On a demandé au maître Yun-men : "Quelle est la phrase la plus urgente ?" Le maître a répondu : "Mange."

Le yin et le yang dans la cuisine

Selon la théorie chinoise du yin et du yang, toute vie oscille entre deux pôles opposés : par exemple, chaud et froid, masculin et féminin, obscurité et lumière, ciel et terre.

Dans la nature, tout contient des éléments des deux polarités et l'ordre naturel naît de leur équilibre dynamique.

Notre corps est pareil. L'harmonie interne, la santé et le bien-être dépendent de l'atteinte d'un équilibre entre les polarités yin/yang dans tous les aspects de la vie. C'est surtout vrai par rapport à l'alimentation et à l'attitude envers la nourriture. Supposant que la nourriture que nous consommons est fraîche et bonne, les aliments yin sont réputés être féminins, passifs, sucrés, fades et légers ; les aliments yang sont masculins, actifs, salés, âcres et lourds. Une alimentation équilibrée n'est ni trop yang ni trop yin. Les produits de base d'une alimentation traditionnelle yin/yang sont ceux de la plupart des cultures paysannes du monde : céréales, légumes, légumes secs, noix, fruits, poisson et volailles en petite quantité, viande rouge à l'occasion.

Les saisons sont aussi présentes dans les différentes polarités. Pour maintenir une harmonie totale, on doit consommer des aliments appropriés à la saison, contrebalançant aussi le principe excessif. En automne, moment de transition de la chaleur de l'été (yang) au froid de l'hiver (yin), le cuisinier zen commence à préparer plus de plats yang (céréales et volailles) tout en continuant à utiliser les fruits de saison (yin) encore abondants. L'obscurité et le froid de l'hiver exigent une nourriture qui réchauffera et entretiendra le corps (potages, racines comestibles, riz complet, sarrasin et autres céréales). Le vin chaud ou d'autres boissons alcoolisées qui réchauffent sont aussi appropriés, consommés avec modération. Le pouvoir yang naît au printemps, avec les premiers rayons de soleil. Le cuisinier commencera alors à alléger l'alimentation, introduisant progressivement plus de nourritures fraîches et diminuant les portions des plats plus lourds. Pendant l'été, on doit manger des plats rafraîchissants (salades, fruits), diminuer au maximum les viandes et préférer les repas légers.

L'application du principe yin/yang à la vie n'est pas une chose extrêmement précise. C'est plutôt une question d'attention prêtée aux effets de ce qu'on mange et de la manière dont on vit sur la santé physique et sur le bien-être mental et émotionnel. Être en accord avec soi-même ainsi exige d'éveiller les instincts naturels et de développer la capacité de reconnaître ce qu'apportera – ou non – l'harmonie dans la vie. Pour la plupart, ce processus durera toute la vie, exigeant patience et désir pour une vie plus alerte et plus concentrée, mais contemplative.

À gauche
Ce délicieux potage aux boulettes est un plaisir pour les yeux ainsi que pour l'estomac. Ses ingrédients frais et colorés sont mis en valeur en étant servis dans un bol blanc tout simple.

Cinq goûts, cinq méthodes et cinq couleurs

Dans son livre *Shojin Cookery*, le cuisinier et prêtre Zen Keizo Kobayashi, explique comment arriver à un équilibre des qualités saisonnières en prenant en compte les cinq méthodes, les cinq couleurs et les cinq saveurs.

Celles-ci se réfèrent aux cinq sources positives d'une bonne pratique spirituelle : foi, méditation, énergie, sagesse et mémoire. En équilibrant ces trois séries de cinq variables, le cuisinier japonais Zen vise à préparer un repas végétarien approprié à la saison, nutritif, délicieux et dont la vue est attirante. Bien entendu, les cinq saveurs se réfèrent spécifiquement à la cuisine japonaise, mais on peut appliquer les mêmes principes aux fines herbes, aux épices et aux assaisonnements occidentaux.

À un repas de style *shojin-ryori*, basé sur les trois cinq, les plats individuels sont servis en même temps, en petite quantité. À un dîner élaboré, on servira six ou sept catégories de plats. De nos jours, on peut y inclure du poisson.

Les cinq méthodes se réfèrent aux différentes façons de préparer les aliments : bouillis, grillés, frits, à la vapeur et crus.

Les cinq couleurs sont le vert, le jaune, le rouge, le blanc et le noir (dans ce sens, le pourpre est tenu pour noir, comme les aubergines).

Les cinq saveurs sont *shoyu*, sucré, vinaigré, salé et épicé (les épices les plus habituellement utilisées dans la cuisine *shojin* étant le gingembre, le sésame et le wasabi, une moutarde japonaise).

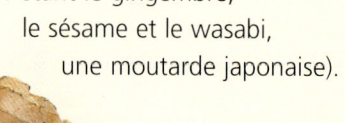

Nourritures basées sur les cinq méthodes

Les *mushimono* sont des aliments cuits à la vapeur, dont le *chawan-mushi*, une crème avec des morceaux de poisson ou de légumes. Les *yakimono* sont des aliments grillés, la cuisson la plus populaire du poisson. On maintient la forme du poisson en l'embrochant dans le sens de la longueur, donnant ainsi l'impression que le poisson nage. Le meilleur *yakimono* est préparé sur des charbons rougeoyants. Les *agemono* sont des plats frits à feu vif, dont le plus connu est le *tempura*. Le plus fin *tempura* est à base de pâte à frire très légère dans laquelle sont placés des légumes soigneusement hachés. Le tout est frit à feu vif, à la bonne température et juste le temps requis. Brun doré et très chaud, le *tempura* est servi avec une sauce de soja, trempé dans une sauce au *daikon* (radis japonais) et garni de tranches de gingembre et parfois de racine fraîche de lotus. Les *nimono* sont les aliments qu'on fait mijoter dans l'eau ou un autre liquide, comme le *saké*. De fines lamelles de poisson ou de légumes sont souvent cuites ainsi. Les convives retirent les aliments avec leurs baguettes et le liquide de cuisson est consommé dans un bol, comme une soupe.

D'autres catégories de plats sont les *sashimi*, morceaux de poisson cru très frais servis avec du *wasabi*, moutarde japonaise verte, les *sushi*, petits pâtés de riz vinaigré garnis d'une diversité d'aliments, surtout poisson cru, et le *nabe-mono*, marmite telle que le *sukiyaki*.

La vie même peut devenir un *koan* où on tente de voir comment équilibrer ses besoins avec ceux des gens et des êtres qui nous entourent. L'achat, la préparation, le service et la consommation de la nourriture d'une manière mettant en lumière l'appréciation de sa propre vie et son intérêt pour le bien-être des êtres doués de sensibilité et pour le monde naturel, est un moyen de contribuer de façon satisfaisante et pratique l'atteinte de cet équilibre.

Keizo Koyabashi, *Shojin Cookery*

Les bases du garde-manger

La cuisine est un lieu de travail et, en tant que tel, il doit être propre et non encombré d'ustensiles ou d'ingrédients inutiles.

Il n'est pas économique d'acheter des aliments frais, puis d'utiliser ceux que vous aviez déjà. Jetez tout aliment sec (riz, pâtes, haricots) que vous avez depuis plus de six mois. Voilà une liste d'ingrédients conseillés (ceux en *italique* sont hautement conseillés). Une telle sélection rendra

Huiles (de préférence pressées à froid)	*huile d'olive, une huile neutre telle que celle d'arachide, de tournesol,* de sésame et de carthame
Fines herbes (de préférence fraîches, sinon sèches)	*origan, menthe, basilic, feuilles de laurier,* thym, romarin, sauge
Épices (de préférence graines entières)	*poivre noir, cumin, coriandre, cannelle, curcuma, sel de mer* poivre blanc, curry, poivre de Cayenne, graines de moutarde graines de cumin, clous de girofle, quatre-épices
Vinaigres	*vinaigre de cidre bio,* vinaigre de vin de riz, vinaigre de vin
Assaisonnements	*sauce de soja naturellement fermentée (shoyu), sauce de poivrons épicés, gingembre frais, ail, cubes de bouillons de légumes, tahini,* beurre de cacahuètes, poudre de noix de coco, miso, miel

plus facile la préparation de plusieurs types de repas. Produits qu'il vaut mieux acheter frais chaque semaine se trouvent à la fin dans la liste "courses hebdomadaires".

Le maître demanda au cuisinier : "Pour le repas d'aujourd'hui, y aura-t-il des légumes crus ou cuits ?" Le cuisinier leva dans les airs une feuille. Le maître dit : "Il y a peu qui connaissent la gentillesse, il y en a beaucoup qui abusent d'elle."

The Record of Chau-Chou (auteur anonyme, rédacteur de la vie et les œuvres du maître Zen Joshu)

Graines et légumes secs	*riz complet et blanc long grain, farine complète à 100 % (meulée à la pierre),* farine complète à 81 %, *farine blanche, boulgour, couscous, pâtes sèches (y compris des nouilles aux œufs), lentilles rouges et brunes, pois chiches, haricots rouges, vos haricots et graines préférés*
Conserves	*tomates cerise,* pois chiches, haricots rouges, maïs, purée de tomates
Conserves en bocal	olives, moutarde, chutney
Noix et graines	*graines de sésame,* graines de tournesol, noix, amandes
Fruits secs	pas essentiel, mais utile
Courses hebdomadaires	*yoghourt naturel, citrons, lait, tofu (fromage de soja), fromage, œufs*

Achats saisonniers

Le bon choix des ingrédients est l'une des bases d'une bonne cuisine économique et d'une alimentation saine. Particulièrement conseillé pour les fruits et les légumes.

Pour contribuer à une bonne cuisine, achetez en saison et choisissez les produits des fermes et des vergers de votre région. Profitez des fruits de saison qui ne durent pas longtemps. Ce genre de courses vous permet d'acheter à l'occasion quelques fruits et légumes exotiques.

Printemps
Asperges, avocats, navets, bananes, brocolis, agrumes, concombres, endives, courgettes, haricots verts, petits pois, menthe, pommes de terre nouvelles, persil, ananas, radis, épinards, tomates, cresson.

Été
Tous types de baies, laitue, pommes, aubergines, betteraves, fèves, brocolis, carottes, chou-fleur, céleri, épis de maïs, courgettes, haricots verts, petits pois, ail, artichauts, fenouil, tomates cerise, haricots rouges, poivrons, haricots grimpants, oignons, tomates, cresson.

Lavez toujours soigneusement les légumes et, si nécessaire, nettoyez-les bien. Épluchez-les seulement s'il est essentiel, puisque la peau contient beaucoup de substances nutritives précieuses et a souvent bon goût. En règle générale, cuisinez les légumes peu de temps et avec le minimum d'eau, pour qu'ils retiennent autant que possible de leur couleur et texture. Vous trouverez ci-dessous des détails des fruits et légumes (locaux et exotiques) qu'il est intéressant d'avoir à chaque saison.

Hiver
Avocats, betteraves, carottes, brocolis rouges et blancs, chou-fleur, céleri, endives, coriandre, courgettes, haricots verts, poireaux, citrons, laitues, haricots mangetout, petits pois, pommes de terre nouvelles, oranges, persil, chou rouge et blanc.

Automne
Toutes racines comestibles, pommes, avocats, basilic, chou, céleri, endives, piments, chou chinois, courgettes, concombres, dattes (fraîches), fenouil, flageolets, haricots verts, raisins, kiwi, grenades, poivrons rouges, haricots grimpants, échalote, épinards, maïs, tomates, cresson.

Produits à base de germes de soja

Les produits à base de germes de soja fournissent au cuisinier Zen une excellente source d'aliments contenant des protéines, des vitamines, des minéraux et une diversité d'assaisonnements et condiments.

Sauce de soja *(ci-dessus)*
La sauce de soja est un assaisonnement général utilisé pour mettre en valeur les saveurs individuelles de tous les ingrédients d'un plat. Elle ne doit pas couvrir la saveur de la nourriture. Correctement préparée à partir du liquide résiduel de la fabrication du *miso* ou de germes de soja fermentés spécialement, elle n'a rien de commun avec la prétendue sauce de soja artificiellement aromatisé vendue en bouteille. Le *shoyu* est une sauce de soja à base de germes de soja fermentés et d'un mélange de froment. Le *tamari* est fabriqué uniquement à partir de germes de soja et ne contient pas de gluten.

Tofu *(à gauche)*
Il est préparé en faisant bouillir des germes de soja, puis en les écrasant dans un tamis et en recueillant le liquide résultant, ensuite coagulé. Tout excès d'eau est éliminé. Il vaut mieux garder le tofu frais dans l'eau. On peut trouver aussi du tofu emballé sous vide. Riche en protéines et minéraux et pauvre en graisse, aliment universel, le tofu peut être utilisé dans une diversité de plats savoureux, soupes, potages, salades, hors d'œuvre, assaisonnements ou sautés aux légumes. On peut également l'utiliser dans les plats sucrés (gâteau au fromage blanc, par exemple) comme un substitut du fromage.

Lait de soja *(à droite)*

Le lait de soja est fabriqué à partir de germes de soja bouillis et écrasés. Il remplace le lait de vache. Riche en protéines et pauvre en graisse, on le trouve surtout dans les magasins bio.

Miso *(ci-dessous)*

Produit à base de germes de soja et céréales fermentés, le miso a une consistance épaisse et est d'habitude de couleur foncée, avec une odeur piquante. Riche en vitamines (y compris B12) et minéraux, il est bon pour le système digestif. On peut l'utiliser dans les soupes, les potages, les bouillons, les sauces, les assaisonnements, les hors-d'œuvres et les pâtes à tartiner, mais il est salé – n'y ajoutez donc pas de sel. On trouve du miso en plusieurs variétés, épaisseurs et saveurs. Celles de couleur claire ont un goût plus doux et vice-versa.

TOFU MAISON

Recouvrez d'eau 450 g. de germes de soja et laissez tremper pendant au minimum 12 heures. Changez l'eau une fois durant le trempage. Égouttez et broyez les germes dans un moulin électrique ou à main. Placez dans une casserole et ajoutez de l'eau, 2 fois et demie le volume des germes. Portez à ébullition, diminuez le feu et laissez mijoter pendant 1 heure. Disposez 3 à 4 couches de mousseline à fromage dans une passoire placée sur un grand bol ou une grande casserole. Faites passer la mixture de germes de soja, puis serrez la mousseline autour de la pulpe de germes et essorez autant que possible du liquide restant dans le bol ou la casserole. Transférez le liquide collecté dans un bol en verre. Ajoutez 45 ml de jus de citron frais, touillez une fois, puis recouvrez avec une serviette humide et laissez au chaud (26 °C conviennent parfaitement) pendant 8 à 12 heures.

Égouttez soigneusement le tofu à travers la mousseline pour éliminer tout excès de liquide ; il est maintenant prêt. Pour un aspect professionnel, versez le tofu dans un moule carré, positionné sous un poids léger et laissez-le là pendant 4 heures. On doit de garder dans l'eau au réfrigérateur. Pour l'aromatiser, faites frémir un bloc ou de petits carrés dans l'huile et sauce de soja avec menthe, ail, noix de muscade, cannelle, clous de girofle, fenouil, poivre noir ou tout autre assaisonnement de votre choix.

126 • le zen dans votre cuisine

Recettes

Les aspirants cuisiniers Zen aimeront peut-être essayer ces recettes délicieuses et simples à base de germes de soja et de tofu.

SOUPE MISO AUX CHAMPIGNONS ET ORGE

Soupe délicieuse, bonne pour les convalescents ou les estomacs délicats. Nutritif, facile à digérer, le miso aidera à apaiser l'organisme.

Pour 4 personnes

30 ml/2 cuillères à soupe d'huile végétale
1 grand oignon haché
10 ml/2 cuillères à soupe de thym frais haché ou 1 cuillère à soupe de thym séché
350 g de champignons hachés
15 ml/1 cuillère à soupe d'orge, lavé
1,2 litre d'eau ou bouillon
1 cuillère à soupe de miso
1 petite gousse d'ail, écrasée
sel selon le goût
persil frais finement haché, pour garnir

Chauffez l'huile dans une casserole ou une cocotte-minute et faites sauter l'oignon et le thym. Après 5 minutes, ajoutez les champignons et laissez cuire 2 autres minutes. Ajoutez l'orge et l'eau ou le bouillon. Portez à ébullition, diminuez le feu, couvrez et laissez cuire entre 1 heure et 1½ heure (ou 30 minutes à la cocotte). Mixez 50 ml de soupe avec le miso, l'ail et le sel. Reversez la soupe mixée dans la casserole, touillez bien, réchauffez et servez avec beaucoup de persil haché pour garnir.

TOFU ROUGE CUIT ET CONCOMBRE

Plat d'été (ou plat d'accompagnement en hiver, pour ajouter un peu de couleur et de fraîcheur à un repas de féculents), servi froid avec éventuellement des nouilles froides ou une salade de riz.

Pour 4 personnes

1 concombre moyen, égrainé, salé, coupé en lanières de 5 cm de longueur et 5 mm d'épaisseur
225 g de tofu, coupé en cubes de 2,5 cm
60 ml/4 cuillères à soupe d'huile végétale (huile de grains de sésame de préférence)
30 ml/2 cuillères à soupe de sauce de soja
1 poivron rouge, épépiné, coupé en lanières de 5 cm de longueur et 5 mm d'épaisseur
10 ml/2 cuillères à soupe de gingembre frais râpé
60 ml/4 cuillères à soupe de vinaigre de riz ou de cidre
10 ml/2 cuillères à soupe de sucre

Placez le concombre dans une passoire et salez. Laissez reposer 20 minutes. Dans un wok ou une poêle, faites frire le tofu dans la moitié de l'huile et brunissez doucement sur tous les côtés. Retirez de la poêle et placez dans un bol, puis assaisonnez avec la sauce de soja et laissez mariner. Rincez le concombre sous le robinet d'eau froide, égouttez et séchez dans une serviette. Ajoutez le

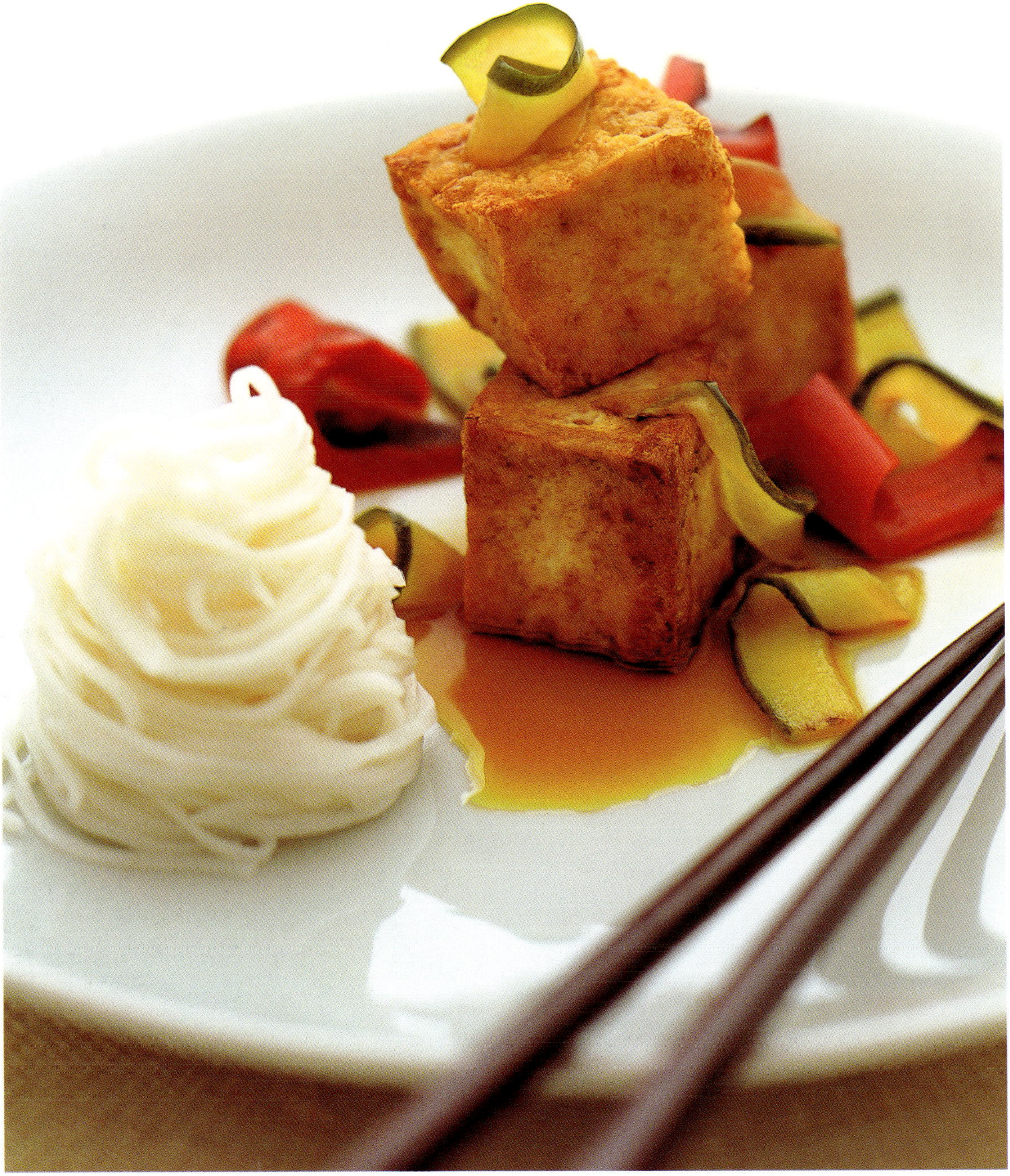

reste d'huile dans le wok ou la poêle, puis le concombre, le poivron rouge et le gingembre. Faites sauter à feu vif pendant 2 à 3 minutes. Transférez sur le plat de service, ajoutez le vinaigre, le sucre, le tofu et la sauce de soja. Mélangez doucement et laissez mariner au réfrigérateur pendant 4 heures ou plus. Ce plat se garde jusqu'à 3 jours.

TOFUBURGERS
Délicieux, pauvres en graisses.

Pour 4 personnes

60 ml/4 cuillères à soupe d'huile végétale
1 demi-oignon coupé en petits dés
1 petit poivron vert, sans cœur, épépiné et coupé en dés
1 carotte moyenne, râpée
350 g de tofu, égoutté
30 ml/2 cuillères à soupe de farine complète
1 œuf battu
100 g de fromage râpé
sel selon le goût
farine complète pour saupoudrer

Chauffez la moitié de l'huile dans une poêle à frire et ajoutez les oignons, le poivre et la carotte. Faites sauter les oignons jusqu'à ce qu'ils ramollissent. Broyez le tofu dans un bol et ajoutez les légumes frits, la farine, les œufs, le fromage et le sel. Mélangez bien, puis, les mains humides, façonnez de cette mixture 12 petits burgers. Saupoudrez-les de farine et faites-les brunir des deux côtés dans l'huile restante.

Équipement et techniques de découpe

La cuisine Zen n'exige aucun ustensile spécial, bien que quelques équipements de bonne qualité, non électriques, soient conseillés.

La bonne cuisine a pour principales priorités une surface de travail assez grande, facile à nettoyer, et les meilleurs articles de cuisine que vous pouvez acheter. Vous trouverez ci-dessous une liste d'ustensiles de base. Je ne conseille pas d'articles bon marché, puisqu'à long terme le bon équipement est moins coûteux.

Couteaux et planche à découper

Un couteau de cuisinier de 20 à 25 cm de long en inox et un couteau à éplucher sont essentiels. L'acier inoxydable est plus difficile à affûter que l'acier trempé, mais il ne noircira ni ne décolorera les légumes comme l'avocat, le chou rouge et les fruits (comme le fera l'acier trempé). Affûtez vos couteaux sur un aiguisoir. Pour un affûtage périodique, utilisez une pierre à aiguiser. Les couteaux émoussés sont plus dangereux que ceux aiguisés, car outre exiger plus de force, ils risquent de glisser et de vous couper.

C'est un plaisir de travailler sur une planche à découper en bois, de bonne taille. Les bois durs

équipement et techniques de découpage • 131

Autres équipements de base
Presse-ail – *les plus grands sont plus faciles à manier et plus efficaces.*
Presse-fruits pour citrons et citrons verts – *ceux en bois, tenus à la main, sont les meilleurs et les plus simples.*
Moulin à poivre – *le poivre noir est meilleur fraîchement moulu.*
Ciseaux – *utiles pour la préparation des légumes et le hachage des fines herbes.*
Éplucheur à légumes – *ceux à lames pivotantes sont les meilleurs.*
Mortier et pilon et/ou moulin à main – *pour moudre les épices, les noix et les graines.*
Balance de cuisine – *la plus simple, placée sur la surface de travail, prête à emploi.*
Cuillères en bois
Fouet métallique
Passoire et tamis
Râpe à main
Pot de mesure

comme l'érable et le sycomore sont les plus durables. Une planche en bois protégera le tranchant du couteau et offrira une surface de coupe qui ne glissera pas.

Mixer

Appareil essentiel pour certaines recettes ou quand vous êtes pressé. On peut préparer des assaisonnements, des sauces, des purées et des soupes en quelques minutes ou même secondes. Le mixer doit avoir sa propre place sur la surface de travail, dans une position accessible.

Casseroles et wok

Les casseroles en inox, solides, faciles à nettoyer, sont les meilleures. Celles en métal émaillé sont presque aussi bonnes, mais si des éclats tombent, le métal reste à nu. Évitez si possible les casseroles en aluminium qui se rayent facilement, laissent des dépôts de métal dans la nourriture et décolorent certains légumes et sauces. Les casseroles antiadhésives sont très bonnes tant que la couche protectrice dure, mais quand elle s'use, elle provoque les mêmes problèmes que les casseroles en alu. Une poêle à frire antiadhésive de bonne qualité est un bon achat si elle est soigneusement entretenue. On peut aussi l'utiliser au lieu d'un wok.

Un wok est un bassin au fond arrondi utilisé dans la cuisine chinoise. Il convient parfaitement aux plats sautés, frits et mijotés. Pour être utilisé sur une plaque chauffante conventionnelle ou sur le gaz, on doit le placer sur un petit cadre en métal.

Règles

La nourriture Zen est végétarienne, basée sur le précepte bouddhique de ne tuer aucun être doué de sensibilité.

Équilibre nutritionnel

Du point de vue de la nutrition moderne, dans une alimentation végétarienne il est particulièrement important de consommer la bonne combinaison d'aliments de valeur relative correcte. On doit s'assurer d'un apport satisfaisant de protéines, d'hydrates de carbone, de vitamines, de minéraux, de fibres et de graisses et maintenir un équilibre entre ce qu'on mange et l'énergie qu'on dépense. Les céréales complètes (pain et pâtes complets, riz complet et céréales non raffinées pour le petit-déjeuner) associées aux légumes et aux fruits frais et cuits, contribuent grandement à un régime équilibré. Si on y inclut légumes secs, œufs, lait, yoghourt, fromages, noix et graines, notre régime comprendra toutes les substances nutritives et sera pauvre en graisses. Vous trouverez ci-contre une liste de substances nutritives fournies par chacun de ces groupes d'aliments.

Pour une alimentation saine, fournissant assez l'énergie, on a besoin des cinq catégories de substances nutritives, correctement équilibrées. Les protéines sont nécessaires à la croissance, à la réparation et à l'entretien des tissus, les hydrates de carbone et les graisses fournissent de l'énergie pour les activités du corps. Les graisses sont aussi la source des vitamines liposolubles A, D, E et K. Les vitamines et les minéraux, essentiels pour le bon fonctionnement des processus corporels, sont

Principaux groupes et sources d'aliments
Protéines
céréales complètes, produits lactés, légumes secs, noix et graines, légumes verts (en petites quantités, mais de bonne qualité)

Hydrates de carbone complexe
céréales complètes, fruits et légumes frais

Vitamines et minéraux
aliments frais non raffinés de tous types

Fibres
céréales complètes, fruits et légumes frais

Graisses
huiles végétales non hydrogénées (les huiles pressées à froid sont les meilleures)

nécessaires en très petites quantités. Les fibres sont capitales pour une élimination efficace des déchets.

Un régime varié à base d'aliments naturels – composé principalement de produits complets, de légumes et de fruits frais, de légumes secs, d'huiles végétales non hydrogénées, de noix, de graines et de produits lactés en quantité modérée – fournira toutes les substances nutritives utiles. Les aliments naturels ont meilleur goût que ceux traités, et leur taux de substances nutritives et de fibres est plus élevé. Le régime basé sur des aliments traités – souvent riches en sucre, en additifs, en graisses saturées et en sel – est mauvais pour la santé. Manger à l'occasion une tranche de pain blanc ou plus de crème que nécessaire ne vous fera toutefois pas de mal. La modération et la conscience de soi sont les pierres de touche d'un bon régime. L'obsession de manger correctement (comme la boulimie) cause de la tension et une mauvaise digestion.

En règle générale, le repas principal de la journée apporte environ 50 % de vos protéines, un casse-croûte 25 %, le petit déjeuner 25 %. Tout régime doit contenir deux sources principales de protéines, ou plus, et au moins deux légumes frais légèrement cuits et une salade fraîche (avec un légume vert feuillu). Quelques portions de fruits frais (y compris agrumes) complètent les besoins du jour.

Casse-croûte

Les casse-croûte sont souvent trop sucrés, gras ou salés. Si possible, évitez les casse-croûte commerciaux et préférez-leur des aliments naturels. Beaucoup de fabricants marquent "sain", "complet" ou "entier" sur l'emballage des mélanges les plus affreux : vérifiez toujours attentivement les ingrédients.

Les fruits frais saisonniers (bien lavés) sont le casse-croûte le plus évident, qui a le meilleur goût et qui est le meilleur marché. Les fruits secs, (abricots, figues, bananes et dattes) conviennent aussi. Les noix, entières ou mélangées (de préférence sans sel), sont nutritives et substantielles. Beaucoup de magasins bio vendent des mélanges de fruits souvent excellents. Le pain complet avec du fromage et une salade verte constituent un excellent casse-croûte. Le müesli avec des fruits et du yoghourt est très bon pour le petit-déjeuner, et apaisera une petite faim au milieu de la matinée ou de l'après-midi. Finalement, le fromage ou les haricots sur toast de pain complet, tartiné d'une bonne margarine végétale pressée à froid, sont très bons.

L'abbesse Koei Hoshino

Le temple Sanko-in, situé juste en dehors de Tokyo, est un couvent Zen.

Un repas reflète la nature douce et réchauffe le cœur du cuisinier. Bien entendu, certains sont plus habiles de leurs mains que d'autres, mais si on fait de son mieux, on obtient un repas très bon, presque comme par la grâce divine.

Koei Hoshino, Abbesse du temple Sanko-in

Pour aider les finances du temple, l'abbesse, Koei Hoshino (qui a succédé à Soei Yoneda), a ouvert une petite salle à manger publique où on sert le déjeuner. Le couvent s'est acquis maintenant la réputation de servir la meilleure cuisine *shojin-ryori*.

Lorsque j'ai demandé à l'abbesse Koei Hoshino ce que signifiait pour elle *shojin-ryori*, elle a répondu :

"Le *shojin* est ma façon de rester vivante. Je mange pour me sustenter. Voyez-vous, ce que nous mangeons est plus simple que les plats servis à nos clients. Après une dure journée de travail, on n'a plus envie de délicatesses. Le goût simple mais délicieux d'un bol de gruau de riz avec les prunes macérées dans du vinaigre ou du riz juste sorti du four, accompagné d'une soupe miso, est inoubliable."

Voici les conseils qu'elle donne aux cuisiniers laïques qu'elle forme :

"D'abord, et le plus important, je leur dis de se concentrer pleinement sur ce qu'ils font. Puis, ils ne doivent rien gaspiller. Nous faisons macérer dans du vinaigre les épluchures de carottes et d'autres légumes pour le repas du lendemain."

La devise du temple Sanko-in est *"chori ni kometa aijo"* ; "cuisiner avec amour". Questionnée à ce propos, l'abbesse a dit : "Cet amour est pour la nature de Bouddha, pour les gens qui mangent nos plats, pour les ingrédients, pour les casseroles. En fait, la saveur essentielle de la nourriture vient du cœur du cuisinier, qui a cuisiné de toute son âme et a respecté l'esprit de la cuisine. Nous aimons aussi la vaisselle que nous utilisons et essayons de ne pas faire de bruit avec elle. Il faut à une novice environ trois ans d'étude pour apprendre à manier correctement ses bols."

L'abbesse donne un conseil simple aux gens modernes désirant mener une vie d'effort spirituel :

"Quoi que vous fassiez, mettez-y toute votre âme. Nous pensons qu'en mettant toute notre énergie dans la préparation des plats ayant le meilleur goût possible, nous faisons plaisir au Bouddha."

Finalement, à une demande de conseils pour le cuisinier Zen, elle a répliqué :

"Dans la cuisine *shojin*, on essaye d'harmoniser les cinq goûts, sucré, salé, vinaigré, amer et épicé, plus un autre, très important. C'est le goût "délicat", comme celui du tofu par exemple. Quand on a fini de manger, un arrière-goût délicat doit subsister. Rappelez-vous, si la première bouchée est parfaite, l'arrière-goût ne le sera pas, si bien qu'on doit chercher les saveurs subtiles, se développant dans le temps, plutôt que des saveurs ayant un impact fort et immédiat sur les papilles gustatives. Le goût et la texture, la préparation et la nutrition sont tous importants pour atteindre cet équilibre parfait."

l'abbesse koei hoshino • 135

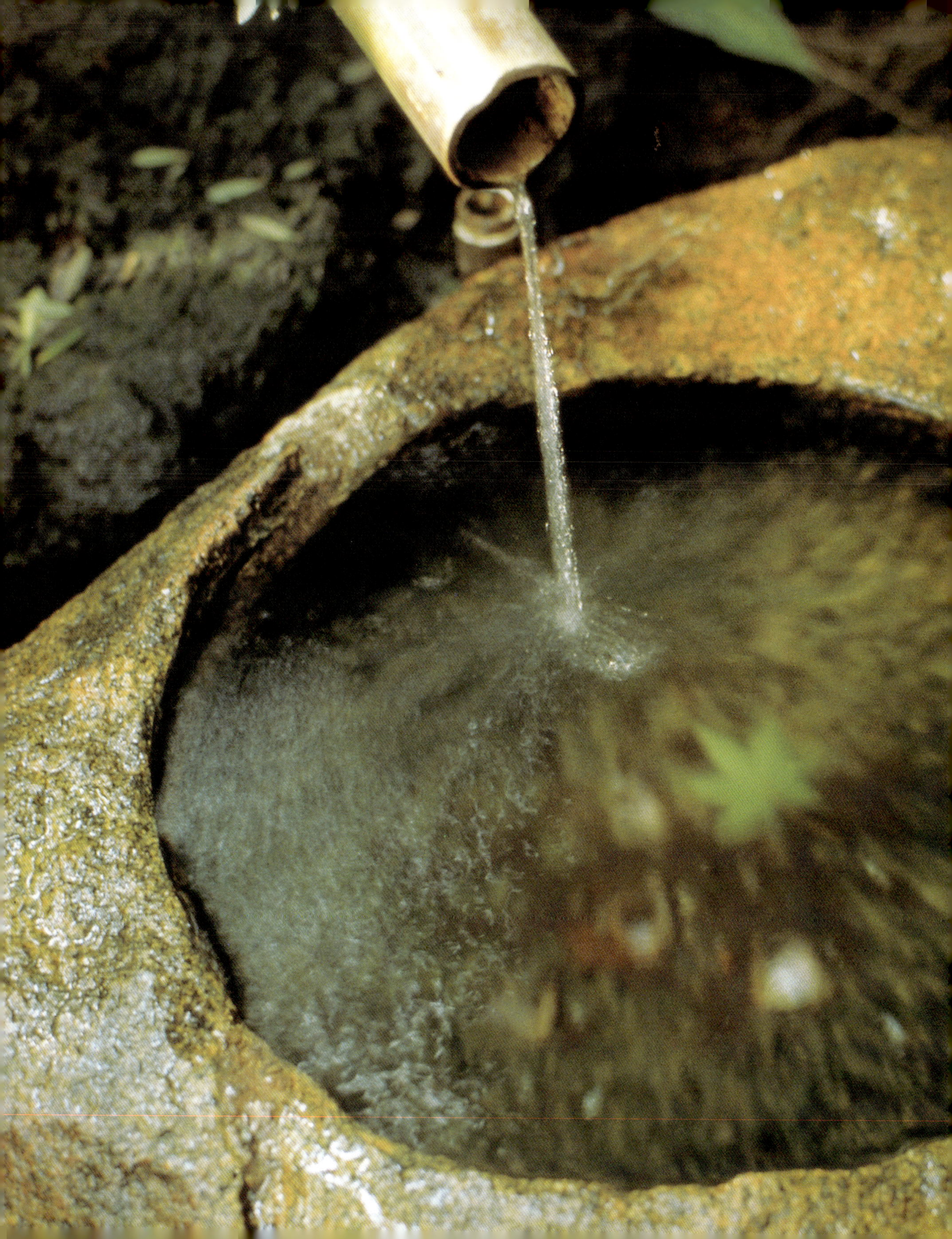

Le ZEN
dans votre jardin

Vous aurez peut-être envie d'utiliser la section suivante pour créer votre petit jardin Zen ou donner une touche Zen à votre jardin actuel ou à une zone où vous faites pousser des plantes. Ne vous inquiétez pas de l'authenticité Zen – de ce point de vue, l'élément important est d'être soi-même et d'essayer d'employer les matériels naturels qui vieillissent bien, surtout s'ils sont locaux.

Jardins Zen

L'introduction du bouddhisme Zen au Japon à l'époque Kamakura a eu un impact considérable sur les aménagements paysagers des jardins.

Un jeune novice Zen auquel on avait enjoint de nettoyer le jardin, demanda à son maître où il devait jeter les déchets. "Quels déchets ?" demanda le maître en ramassant les rameaux brisés et les feuilles pour allumer le feu et en disposant les petites pierres pour qu'elles attrapent les gouttes de pluie tombant des avant-toits. Il ne resta qu'une petite pile de poussière et de gravillons, qu'il répandit dans le jardin avec son râteau.

Cette influence était associée à l'origine à l'*Emposho* (*Le livre des jardins*), écrit au XIIe siècle par le prêtre shintoïste Zoen, qui avait mis l'accent sur la tranquillité et l'harmonie plutôt que sur la variété et la décoration. L'influence de cet idéal essentiellement Zen s'est poursuivie jusqu'à ce jour, et nombre des plus célèbres jardins japonais ont été conçus par des moines sur les terres des monastères et des temples. Là, ils procurent une activité contemplative quotidienne, une expérience esthétique et un endroit de beauté naturelle.

Comparé au jardin occidental, l'accent du jardin Zen est mis sur l'harmonie spatiale plus que sur la forme géométrique. Quand le célèbre jardinier Muso Kokushi (1275-1351) a conçu les jardins du temple Saiho-ji de Kyoto (populairement appelé le Temple de Mousse) au XIVe siècle, il n'a pas aplati le sol, mais a laissé la mousse couvrir les ondulations naturelles de la surface. Avec vingt variétés de mousse, il a créé une gamme de nuances de vert contrastantes et complémentaires. Les arbres et les pierres ont été placés avec subtilité parmi la mousse, pour avoir l'air naturel, avec des pierres de gué irrégulièrement espacées. Dans les meilleurs jardins Zen, le travail du jardinier est, dans l'idéal, invisible.

L'économie de moyens est une autre caractéristique du jardin traditionnel Zen. Les rochers, le sable, l'eau, les arbres, les arbustes, les fougères et la mousse sont les composantes de base pour représenter les montagnes, les fleuves, les lacs et les cascades et, à partir de ceux-ci, créer des paysages en miniature.

David Scott a écrit dans *Simply Zen:*

L'inaccessibilité des montagnes japonaises leur a toujours conféré un air de mystère. Elles étaient des lieux à contempler plutôt qu'à explorer et l'appréciation japonaise du paysage naturel a été, par nécessité, concentrée sur des vues particulières plutôt que sur des panoramas majestueux. Dans ce contexte, de petits jardins étaient conçus comme des réductions du monde naturel dans les limites des zones très peuplées, donnant une impression de paysage grandiose.

À droite

Autrefois, les structures du jardin étaient uniquement en matériaux naturels, mais de nos jours une nouvelle esthétique permet l'appréciation des matériaux synthétiques utilisés en gardant un équilibre avec le bois, le gravier et la pierre.

jardins zen ■ 139

La plus profonde philosophie sous-jacente du jardinier Zen est, toutefois, de démontrer sa révérence pour la vie et la nature et de permettre à l'observateur de percevoir la réalité fondamentale de toutes les choses. À partir de cette vision Zen se sont développés quatre styles de jardin japonais : *tsukiyama* (jardin paysager ou mare/mer/colline), *karesansui* (jardin de rocaille, de pierres sèches ou ruisseau à sec), *chaniwa* (jardin de thé) et jardin intérieur.

Le jardin paysager

Ce style de jardin comprend typiquement des ruisseaux avec des pierres de gué et un pont, conduisant à une petite île placée sur une mare. Un sentier tortueux conduit d'un paysage à un autre, de sorte qu'on peut voir des scènes changeantes. Certains jardins sont des miniaturisations d'endroits superbes, célébrés par la littérature ou l'art japonais. Une variante du style *tsukiyama* est le *kaiyu,* le style "de plusieurs plaisirs", caractérisé par plusieurs jardins placés autour d'un plan d'eau central. Un ou plusieurs d'entre eux incluent des vues se trouvant à l'extérieur du jardin, technique appelée "vues empruntées" *(shakkei)* ou "captures vivantes" *(ikedori).* On les voit souvent dans les jardins de la région de Kyoto, où les montagnes magnifiques entourant la ville semblent encadrées par des montants de portes et des arbres.

Les jardins des temples Saiho-ji (1339) et Tenryu-ji (1343) de Kyoto sont des exemples connus de ce style. Tous deux été conçus par Muso Kokushi, ils ont été préservés dans leur forme originale. Muso était un moine errant, en quête d'illumination. Il a fondé de nombreux petits temples dans la montagne, avec des jardins s'incorporant dans le paysage naturel. Protégé des shoguns Ashikaga et de l'empereur Go-Daigo, il a été nommé abbé des monastères Tenryu-ji et Rinsen-ji. Vers la fin de sa vie, il s'est retiré au petit temple Saiho-ji, où il a créé son célèbre jardin de mousse.

Le jardin de rocaille

Dans le style *karesansui*, on utilise peu d'arbustes.

À gauche

La lanterne en pierre, stratégiquement placée pour enjamber l'eau et la terre, ainsi que la mousse recouvrant les roches, confèrent un authentique air Zen à ce jardin.

Les éléments les plus habituels sont les pierres, le sable et les gravillons. Ces jardins sont conçus pour la contemplation, comme un tableau. Plusieurs des meilleurs jardiniers Zen étaient aussi de célèbres peintres d'estampes, dans lesquelles ils visaient à évoquer une scène naturelle. Leurs jardins étaient des évocations tridimensionnelles de la même idée, se servant de sable ou de gravillons à la place de la soie, et d'arbustes, d'arbres ou de pierres pour les traits de pinceau. Les pierres qu'ils choisissaient étaient chargées de significations diverses, en fonction de leur forme, texture et des angles où elles étaient placées.

Le jardin du temple Ryoan-ji de Kyoto (1513) est considéré comme l'un des exemples les plus raffinés du style *karesansui* au Japon. Il est réputé avoir été créé par Soami (1472-1525), célèbre peintre d'estampes. Il consiste en une étendue de gravillons blancs ratissés, où sont disposées 15 pierres en 3 groupes. L'ensemble est encadré par un mur de terre patiné et les bâtisses du monastère. La perspective est obtenue grâce à la taille variée des roches et à la façon dont sont ratissés

Ci-dessous
Une île avec une petite et une très grande montagne dans une "mer" de gravillons ratissés paraît une estampe paysagère de la dynastie Song de Chine. Un mur en terre encadre la scène.

les gravillons. Le jardin est censé symboliser l'infinité du monde. Certains affirment qu'il représente un groupe d'îles montagneuses dans un grand océan, d'autres une tigresse conduisant ses petits à travers un ruisseau. L'esprit du Zen laisse toutefois chaque observateur arriver à sa propre compréhension du jardin.

Soami (1455-1525) était peintre officiel à la cour de Yoshimasa, le huitième shogun Ashikaga. Il a conçu et bâti en 1480 l'un des premiers et des plus célèbres jardins de rocaille pour la résidence de l'abbé à Daisen-in, temple secondaire du Daitoku-ji de Kyoto. Son jardin de Daisen-in, conçu pour être vu depuis la véranda des quartiers de l'abbé plutôt que pour s'y promener, est fait de roches et de sable. À la différence du jardin abstrait de Ryoan-ji, c'est une représentation tridimensionnelle d'une peinture de style Song montrant une montagne (la montagne Horai, demeure mythique des êtres illuminés), un fleuve et un navire chargé de trésors. On a suggéré que le jardin pourrait représenter le pont entre être et non-être.

Comme d'autres jardins Zen, Ryoan-ji et Daisen-in ont été conçus pour favoriser la pratique méditative des moines Zen – jardin de rocaille et de sable, qui ne sont pas affectés par le changement des saisons, et offrent le sentiment de calme de l'éternité.

Le jardin de thé

Le *chaniwa* est planté autour d'une maison de thé pour accentuer la qualité paisible, spirituelle, du rituel de préparation du thé et de sa consommation. La cérémonie cultive le calme intérieur et une appréciation de la beauté de la nature. Le jardin de thé est conçu pour avoir l'air simple et naturel, mais la conception du sentier le traversant, les vues de la maison de thé et la composition végétale (sur la largeur du jardin) résume l'expérience de la marche depuis la maison citadine jusqu'à la cachette montagneuse de la hutte d'un ermite. Les principes de conception du *chaniwa* sont les mêmes que ceux instaurés par le prêtre Zen Senno Rikyu (1521-1591) pour la cérémonie du thé. Celui-ci a souligné la simplicité et la rusticité, mais dans un cadre de beauté naturelle.

Le jardin dans la cour

C'est un style conçu pour les petits espaces d'une demeure japonaise. Il peut inclure une combinaison de caractéristiques (en miniature) des autres styles de jardin, mais son concept le plus populaire est la recréation à petite échelle d'un paysage réel ou idéalisé. Cette technique de compression de la vision d'un vaste paysage dans un minuscule jardin – vu d'habitude depuis une véranda ou de l'intérieur d'une pièce – est "le grand dans le petit".

Ci-dessus

La géométrie du chemin contraste avec les formes végétales du feuillage. Notez que le chemin est construit pour conférer une forme asymétrique aux quatre coins.

À gauche

L'utilisation des dalles de granite pour créer des chemins et des ponts est actuellement répandue dans les jardins Zen. La mousse bordant les chemins en pierre conduit par-dessus le "fleuve" vers une maison de thé traditionnelle, en chaume.

Éléments et leurs symboles

Le goût des concepteurs du jardin japonais Zen semble traditionnellement austère, bien que l'art, la beauté et la simplicité aient été les inspirations qui les ont guidés.

*Le ciel infini de la méditation.
La claire lumière lunaire de la sagesse.
La vérité révélée comme une sérénité éternelle.
Cette terre est le pays pur du lotus.
Ce corps est le corps du Bouddha.*

Hakuin (1686-1769)

Leur intention est d'exprimer les vérités intérieures à travers les formes extérieures du jardin. On le fait soit directement, grâce à l'emploi de plantes à fleurs et d'arbres à feuilles caduques, pour exprimer le caractère éphémère de la vie, soit allégoriquement, avec des roches (représentant les montagnes) et du sable ratissé (l'eau coulante) servant à illustrer une parabole, un idéal religieux ou une vision du paradis. Vous trouverez ci-après un bref résumé des termes se référant aux caractéristiques des jardins Zen.

Plantes

Les jardins Zen utilisent une grande diversité de plantes. Seul un nombre limité (pin, érable, azalée et camélia) – les *niwa-ki* – leur est cependant associé. Les arbustes très court coupés *(kari-komi)* sont aussi fréquents. La mousse, le bambou, les pruniers et les cerisiers sont aussi très utilisés.

Pin

Cet arbre toujours vert est associé à beaucoup de symboles et représente la permanence. Étant associé au Horai, la demeure couverte de pins des êtres illuminés, il représente aussi la longévité.

Camélia

Cet arbuste aux fleurs rouges est très utilisé dans les jardins des temples Zen. Leurs fleurs ont tendance à tomber quand elles sont mi-ouvertes, ce

éléments et leurs symboles ■ 145

qui rappelle au pratiquant Zen que la mort est présente même dans l'épanouissement de la vie.

Lanternes
Les lanternes en pierre sont surtout des éléments sculpturaux. Elles ont été introduites en même temps que les premiers jardins de thé. Les lanternes recouvertes par la mousse ou les lichens sont particulièrement recherchées, car elles sont le symbole visuel d'un état d'esprit contemplatif.

Sable
Le sable blanc a été associé aux jardins Zen, mais le jardinier pourra utiliser de fins gravillons en Occident. Ratissé en motifs linéaires précis, le sable pourra suggérer les vagues de la mer, un ruisseau, un fleuve, une cascade ou un lac.

Azalée
On peut couper très court ce buisson et le façonner en de multiples formes. Les azalées sont spécialement utilisées pour représenter des nuages ou des paysages de montagne.

Eau
L'eau représente l'espace et la liberté : toujours en mouvement, contenue seulement par la forme qu'elle adopte. Ses qualités sensorielles – bruit, effet sur la lumière, odeur et fraîcheur – servent toutes dans le jardin Zen. Les Japonais pensent qu'un jardin a meilleur aspect après la pluie.

Lumière
La lumière montre le jardin à son avantage, de même qu'elle accentue des aspects particuliers, soit dans la journée, soit durant différentes saisons.

Basins d'eau
Dans un *tsukubai*, un bassin, l'eau sert à se laver les mains, acte symbolique de purification. Les bassins sont habituellement positionnés près du sol, de sorte à devoir s'y pencher, montrant ainsi de l'humilité. Les meules constituent d'excellents bassins.

Le jardinage en tant que pratique spirituelle

Pour le pratiquant Zen, l'une des raisons essentielles d'avoir un jardin est de s'offrir une place où s'accorder aux rythmes et motifs changeants de la nature.

Dans ce contexte, l'entretien du jardin devient un élément du processus d'auto-éveil et, en même temps, une expression directe des valeurs Zen, plutôt qu'une corvée qu'il faut effectuer.

Les jardins des temples Zen n'ont pas été conçus, comme beaucoup le supposent, pour s'y asseoir ou pour méditer – le *zendo*, le hall de méditation, est là pour cela. Ils offrent davantage (parmi d'autres choses) un véhicule pour le *samu*, la période de travail quotidienne qui fait partie de la routine du monastère Zen. Le balayage des feuilles, le ratissage du sable, le soin des plantes, des buissons et des arbres et l'entretien des chemins sont des manières de pratiquer une méditation active, de maintenir la tranquillité du mental pendant que le corps travaille, en plus d'offrir un moyen de montrer l'appréciation des générosités de la nature. Dans la société japonaise traditionnelle, tout comme en Occident, la classe supérieure ne se chargeait pas du jardinage proprement dit – qui était le contraire de la conception et de la surveillance du jardin. Effectuer ce travail était une marque de manque d'attachement à la société et à ses valeurs.

Si on choisit de le regarder d'une autre perspective, le jardin a aussi la capacité de changer notre point de mire et notre vision sur la vie et son sens. Par exemple, comme nous l'avons constaté *(voir page 138)*, il exprime directement les réalités inhérentes quoi qu'apparemment contradictoires de la vie. Le pin toujours vert représente la stabilité et la permanence, alors que le cerisier et le prunier, avec leur profusion de fleurs belles mais éphémères, symbolisent la fécondité et la merveille – quoiqu'impermanente – de la vie.

Un autre lien entre la pensée Zen et le jardinage est fourni par les messages allégoriques du jardin de rocaille et de sable. Une étendue de sable blanc représente *sunyata*, la vacuité *(voir page 149)*, mais lorsqu'elle est ratissée pour donner l'impression de vagues sur l'océan ou d'un fleuve, elle incarne aussi la forme. On donne ainsi une expression visuelle directe à la maxime Zen "la forme est vacuité, la vacuité est forme".

En ce qui concerne la création de l'aspect global d'un jardin et du sentiment qu'il laisse, le soin avec lequel le jardin est entretenu est probablement plus important que la conception initiale. Une grande partie de l'esthétique que nous trouvons dans le jardin – la patine de l'âge sur les vieilles pierres ou sur les troncs des vieux arbres, les couches de mousse veloutée, les pins et les azalées en forme de sculptures – existe simplement comme résultat des années de soin reçues des mains d'un jardinier expérimenté.

Marc Peter Keane, *Simply Zen*

le jardinage en tant que pratique spirituelle ■ 147

Utilisation de l'espace

L'espace est une partie intrinsèque de la conception des jardins Zen.

Disciple : "Toutes ces merveilles de la nature – les arbres, les montagnes et la terre – d'où viennent-elles ?"
Maître : "D'où vient ta question ?"

L'estampe sur papier ou sur soie, peinture monochrome utilisant de l'encre noire *sumi*, est une forme d'art très pratiquée par les moines Zen. Les sujets les plus habituels sont les paysages, réels ou imaginaires. Le trait distinctif est l'espace vierge, partie dynamique de la conception, faisant entrer le spectateur dans l'estampe pour participer à l'œuvre.

Plusieurs peintres d'estampe très connus concevaient aussi des jardins Zen. Au lieu de papier ou de soie, ils disposaient de larges étendues de sable – décrites par le mot japonais *ma*, signifiant "brèche" ou "vide" dans l'espace et le temps.

Le *ma* est créé en plaçant des roches ou d'autres matériaux de sorte à former une zone visuelle encadrée, qui entoure un espace vide. Comme pour une peinture, ce vide fait pénétrer le spectateur dans le jardin, lui permettant d'explorer l'espace et de lui allouer une signification personnelle.

Ci-dessus
L'installation d'un jardin naturel est terminée avec des arbres et des buissons élagués. La mousse sur la lanterne en pierre lui confère une patine précieuse.

Simplicité artificielle

Le jardinier s'efforce de créer des contours qui sont des images stylisées des formes naturelles.

L'idéal Zen a dirigé la culture japonaise et a fourni un véhicule pour la manifestation des valeurs japonaises inhérentes, telles que l'amour de la nature et l'acceptation de l'unité de la beauté et de la laideur, de la tendresse et de la violence, visibles d'un bout à l'autre du climat et du paysage japonais.

La transcendance et l'acceptation des contraires se reflètent aussi dans la conception du jardin Zen, où l'équilibre achevé entre l'aspect sauvage de la nature et la main du jardinier, entre le naturel et l'artificiel, est à la base de la vision de la beauté et de l'harmonie du Zen.

Cette juxtaposition est très visible dans les plantations du jardin Zen. Le jardinier s'efforce de créer des contours qui sont des images stylisées des formes naturelles. Par exemple, les pins sont élagués pour recréer l'image des pins poussant dans les montagnes battues par le vent ou sur la côte. Ceci représente beaucoup d'entretien, exigeant que le jardinier coupe annuellement chaque aiguille de chaque pin afin de contrôler non seulement sa forme, mais aussi la direction dans laquelle il pousse. Ce n'est pas une simple imitation de la nature. À un niveau plus profond, les labeurs du jardinier – et la survie des pins dans des conditions extrêmes – symbolise la valeur de la persévérance et de l'adaptabilité. Le jardin enseigne subtilement d'autres leçons. Le bambou, qui se plie sous le vent pour éviter de se casser, illustre la sagesse de ne pas s'accrocher trop à ses idées. La circulation facile de l'eau autour des obstacles, qui finit par user lentement ceux-ci, montre que la voie de la résistance minime est un chemin pour avancer.

L'interaction entre la nature et la main humaine est visible dans d'autres éléments du jardin Zen : les lits de mousse "sauvage" disséminés apparemment au hasard, les parcelles de plantes de montagne, les roches ramassées dans les ruisseaux de montagne et replacés, comme dans leur environnement naturel, dans le lit du petit ruisseau du jardin, les sentiers qui imitent un chemin de campagne, les murs bâtis en argile couleur terre et les treillages en bambou (qui pousse en liberté au Japon). Les décorations de jardin montrent aussi l'interaction des éléments artificiels et naturels : par exemple, une cuvette à eau façonnée dans une belle roche naturelle.

Pour le jardinier Zen, la recréation de la nature est une autre façon d'illustrer le lien intrinsèque, insoluble, entre les êtres humains et la nature, au cœur des enseignements Zen. Comme l'écrit Genpo Merzel Roshi dans son livre *Au cœur du chan* :

> Cet espace appelé "vacuité" ou *shunyata* est au-delà de notre savoir intellectuel et ne peut jamais être atteint par le mental rationnel. Autrement dit, c'est totalement insaisissable. Quand on s'éveille brusquement à la réalisation claire qu'il n'y a pas de barrière et qu'il n'y en a jamais eu, on réalise qu'on est toutes les choses : les montagnes, les fleuves, les herbes, les arbres, le soleil, la lune, les étoiles, l'univers.

Sentiers, murs et treillages

On fait attention à l'ensemble du jardin Zen en ce qui concerne ses fonctions et ses relations avec les autres caractéristiques distinctives.

Durant une accalmie des pluies d'automne,
Je marche avec les enfants le long du
*   sentier de la montagne.*
Le bas de ma robe se mouille de rosée.
Ryôkan Daigu (1758-1831)

Dans le jardin occidental, les sentiers sont d'habitude symétriques. Les jardins japonais aspirent à laisser une impression de nature sauvage. Un sentier naturel suivra rarement une ligne droite. Le jardin plus abstrait *karesansui* est dépourvu de sentiers. Le chemin faisant des tours et des détours invite le promeneur au voyage et – par la manière dont le concepteur a tracé son sentier – l'encourage à s'attarder dans des points d'observation particuliers.

Le concepteur peut aussi modifier la façon dont le marcheur perçoit le jardin en se servant de la nature du matériau de construction du sentier. Un chemin agréable, facile à parcourir, recouvert de fins gravillons, permet au visiteur de regarder autour de lui et de profiter pleinement du jardin. Une voie en petites pierres irrégulièrement espacées incite le visiteur à regarder ses pieds, et la vue du jardin sera réduite, permettant au concepteur d'attirer l'attention du visiteur sur un aspect particulier – une belle mousse, un buisson ou une fleur.

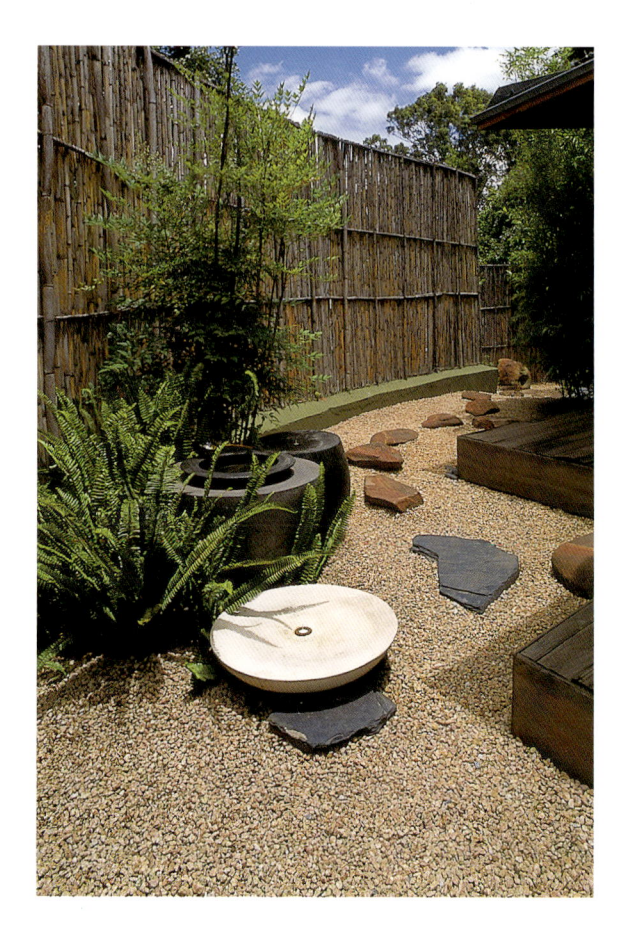

Ci-dessus
Un mélange de matériaux artificiels et naturels crée un lien entre le ciel et la terre. Les sentiers inégalement espacés semblent s'estomper au loin.

Un tel sentier attire aussi l'attention sur sa propre structure : de belles pierres nues, qui se teintent d'une nuance à part quand la pluie ou la rosée tombent sur elles. En maintenant l'attention du promeneur, la conception du jardin encourage celui-ci à rester dans le moment présent. Le sentier d'un jardin Zen peut conduire à une roche ou à un plan d'eau, et finir là. On ne doit pas marcher sur un tel sentier – d'habitude court, et ayant l'apparence d'une piste de montagne – qui symbolise le voyage du monde terrestre à un mode de mystère, d'illumination et de vérité spirituelle.

Murs et treillages

Les murs et les treillages fournissent des palissades, des frontières de division, une protection du vent, privauté et solitude. Leur hauteur, transparence et emplacement précis sont d'égale importance dans le contexte de l'ensemble du jardin. Par exemple, un treillage ouvert permet de voir la zone au-delà, tandis qu'un treillage partiel révèle et cache en

Ci-dessus
Cette scène comprend plusieurs éléments de base du jardin Zen traditionnel : eau, roches, mousse, lanterne en pierre, treillage en bambou et plantes soigneusement élaguées.

alternance. Les murs solides en terre offrent un sentiment de sécurité, mais sont parfois peu agréables à l'œil. Le concepteur pourra choisir une haie taillée ou un mur en pierre. Chaque élément doit correspondre au souhait du concepteur d'encourager l'observateur à percevoir le jardin.

Groupages de pierres

Les roches et leur placement sont étroitement associés à la conception du jardin japonais. À tel point qu'on confère le titre de "maîtres des roches" aux hommes d'un grand savoir-faire au choix des roches et à leur disposition.

Les roches et les pierres sont utilisées pour leur symbolisme bouddhique, leur beauté sculpturale ou dans des buts purement fonctionnels comme bâtir des chemins ou de murs. Elles sont un grand élément de la tradition Zen du jardinage.

Un groupe de trois roches, représentant individuellement le ciel, la terre et l'humanité, est considéré comme spécialement propice. Une roche verticale représente le ciel, une roche plate montrant des strates horizontales symbolise la terre, tandis qu'une pierre posée diagonalement véhicule la perception de l'être humain.

D'une façon plus générale, les roches basses, arrondies et lisses peuvent imprégner le jardin de calme et de sérénité, tandis que celles irrégulières, rugueuses dans le sens vertical, infusent de l'énergie et de la vitalité. Équilibrer l'énergie de ce genre de pierres les unes par rapport aux autres et/ou par rapport aux plantes de leur environnement constitue l'art de la composition des roches.

Les chiffres 7 et 5 sont aussi tenus pour bénéfique. Le célèbre jardin de rocaille du temple Ryoan-ji de Kyoto utilisé un regroupement de 3, 5, et 7 roches. Sur les 15 roches, chaque groupe individuel est équilibré en lui-même et en tant que partie de l'ensemble. Il y a plusieurs variantes de la signification symbolique de ce jardin *(voir pages 141 à 142)*, mais la plus touchante en termes de compassion bouddhique est l'histoire du Prince Mahasattva. Un jour, en chassant dans les montagnes du centre du Japon, il tomba sur une tigresse affamée et ses petits. Submergé de compassion pour leur situation critique, il se déshabilla et sacrifia sa vie pour nourrir les animaux affamés. Pour ce noble acte de compassion, le prince a atteint l'état de Bouddha.

Plus banalement, en choisissant des rochers pour votre jardin, préférez les pierres irrégulières patinées, sur lesquelles on voit l'effet du climat. Essayez de diversifier la taille, la forme et la hauteur. Dans l'idéal, les pierres doivent aussi être représentatives du paysage local. Par exemple, les roches lisses, polies par la mer, conviennent aux jardins des régions côtières, les roches grandes et rugueuses sont idéales pour les demeures dans un paysage montagneux, tandis que les pierres recouvertes de mousse sont en harmonie avec les régions boisées. Pour les paysages urbains, laissez libre cours à votre imagination.

À droite

Austère représentation tridimensionnelle d'une estampe utilisant seulement une palette de pierre, de sable et de mousse. Les murs en terre dotés d'un toit entourent et encadrent la "peinture". La véranda en bois couverte offre un endroit pour s'asseoir dans une contemplation paisible.

groupages de pierres ■ 153

Trois roches représentant le ciel, la terre et l'humanité

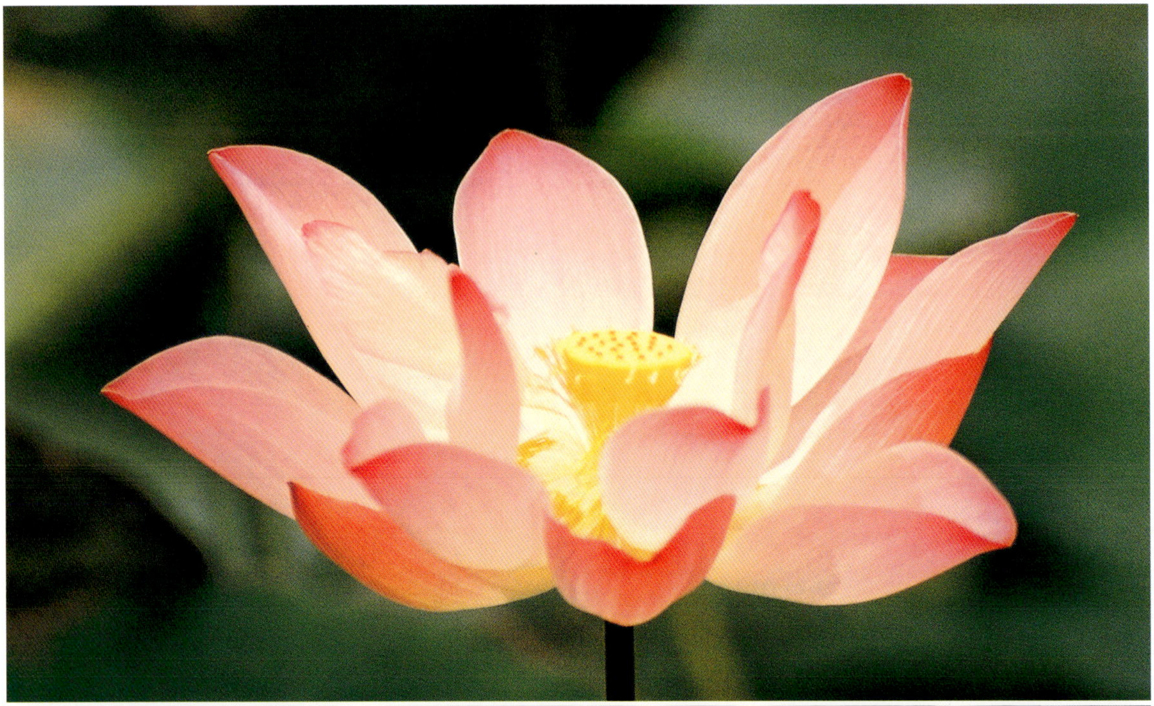

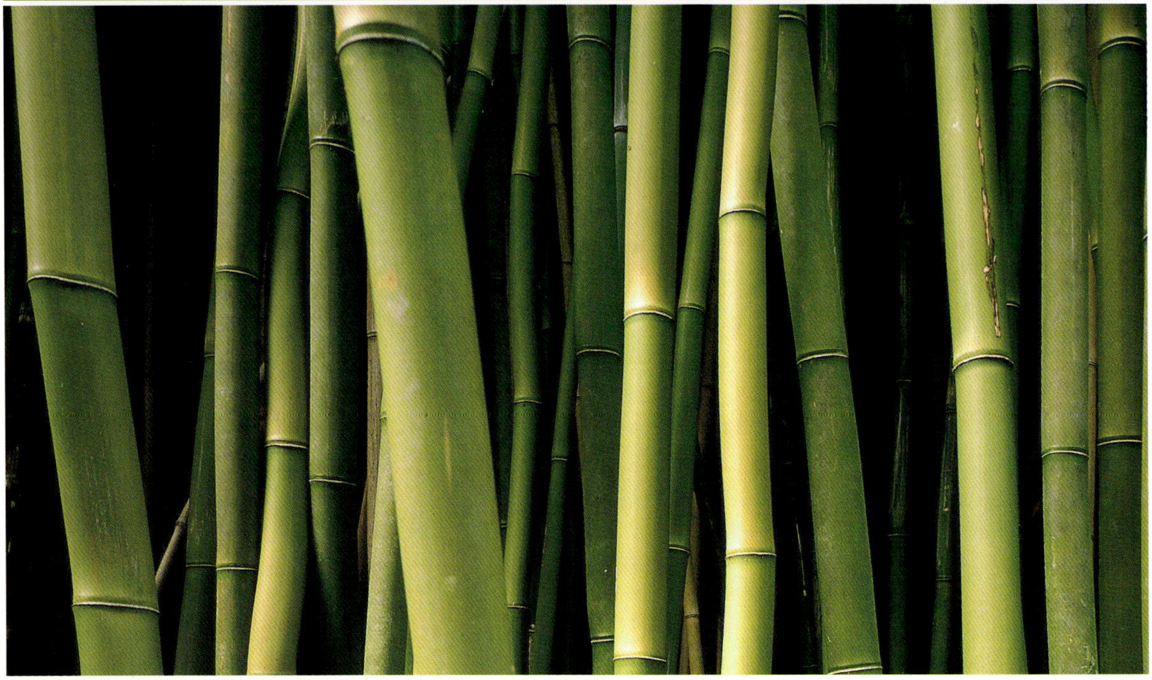

Lotus et bambou

Le bambou et le lotus sont des plantes populaires dans les jardins Zen en raison de leur symbolisme et de leur beauté.

L'heure avance, mais le bruit de la grêle
frappant le bambou
M'empêche de dormir.
Ryokan Daigu (1758-1831)

Le bambou est une plante universelle, qui a de nombreuses utilisations dans chaque aspect de la vie japonaise. Fort, mais flexible, on s'en sert pour les piliers, les poutres du toit, les cadres des fenêtres, les treillages, les râteaux, les échelles, les cannes à pêche, les ombrelles, les cuillères, les assiettes, les pinceaux à écrire, les jouets, les éventails, les flûtes, les arcs, les corbeilles tressées et les vases à fleurs. La cérémonie du thé emploie le bambou pour les cuillers à thé, les fouets à thé, les louches à eau et les vases. Des objets simples, d'un dessin rustique, mais d'une beauté naturelle attirante, conforme à la tradition Zen.

Le bambou apparaît aussi dans les motifs Zen, symbolisant – comme pour le jardin – la longévité, la sagesse et l'élasticité. Dans les estampes des moines Zen, le tronc creux d'un bambou a fini par représenter l'idée de *mushin*, "cœur vide" (ou peut-être "cœur ouvert", meilleure description pratique). Avec le prunier, l'orchidée et le chrysanthème, le bambou est également l'une des "Quatre plantes nobles" de la tradition japonaise, représentant le bonheur.

Les grands bambous sont rarement utilisés dans le jardin, car ils sont trop durs et poussent trop vite. Nombre de variétés naines (spécialement le sasa) existent, plus faciles à entretenir. Elles sont généralement plantées à l'ombre des grands arbres, des groupes de roches, des palissades ou des murs en terre, et poussent de quelques centimètres jusqu'à un mètre. Le motif des Trois amis de l'hiver, qui associe le bambou, le pin et les fleurs de prunier est populaire pour la Nouvelle année. On l'accroche à l'entrée des maisons ou des temples.

Je n'ai pas beaucoup à t'offrir –
Juste une fleur de lotus qui flotte
Dans une petite jarre d'eau.
Ryôkan

Le lotus, variété asiatique du nénuphar, pousse dans les bassins et les champs de riz. Ses fleurs parfumées poussent sur de longues tiges droites et sont couchées sur la surface de l'eau. Elles ont environ 20 cm de diamètre et peuvent être blanches, roses ou rouges. Elles vivent quatre jours, ouvrant leurs longs pétales le matin et les refermant l'après-midi. La fleur de lotus occupe une place spéciale dans la tradition Zen, en tant que symbole de paix et de perfection, tandis que son cycle de vie est tenu pour une métaphore de la condition humaine et de sa rédemption. On pense que, tout comme la belle fleur de lotus s'élève des profondeurs boueuses, de même la pureté et la vérité se développeront de l'ignorance et la souffrance humaine. Le *Soûtra du lotus* (appelé aussi *Soûtra du cœur, voir page 79*) est parmi les plus importants du Zen.

Les graines de lotus, contenues dans son fruit ovale, sont utilisées par la médecine asiatique, de même que les fleurs, feuilles et racines de lotus.

Eau et ponts

Par contraste avec les autres caractéristiques du jardin Zen, comme les groupes de roches, l'eau offre une source de son, de mouvement et de fluidité.

L'étang tranquille, ah!
Une grenouille y saute :
Le bruit de l'eau !
Basho (1644-1694)

L'eau offre au jardinier l'occasion de favoriser divers types de vie sauvage et d'introduire des plantes aquatiques. On peut placer des pierres autour des bords des bassins plus profonds ou plus grands, pour créer une "berge".

En reflétant les buissons et les arbres environnants, un plan d'eau augmente la taille apparente du jardin. Les reflets des nuages et/ou du soleil uniront aussi le jardin au ciel et feront le lien entre le ciel, la terre et l'humanité si présente dans la tradition Zen. À travers l'influence du shintoïsme – religion animiste du Japon – l'eau, sous forme de cascades, ruisseaux et mares est encore plus appréciée dans le jardin Zen pour sa valeur spirituelle et pour ses qualités symboliques de purification.

Les cascades servent à calmer ou à animer un espace, et parfois à véhiculer une histoire allégorique. Par exemple, le son incessant d'une cascade apporte sérénité à une zone, tandis que le bruit d'une série de chutes d'eau créées avec des barrages de pierres, lui confère de l'énergie.

Le jardin du temple du Pavillon d'Or de Kyoto est célèbre pour sa cascade en forme de dragon, superbe illustration d'un récit classique de développement spirituel. Ce vieux récit chinois raconte l'histoire d'une carpe tentant de nager contre le courant d'une puissante chute d'eau. Si elle réussit, elle deviendra dragon, libre de voler dans les cieux. En termes humains, cela correspond au voyage du pratiquant Zen s'efforçant d'atteindre l'illumination à travers la discipline et la méditation. Dans la cascade du temple, la carpe est représentée par une pierre tournée vers le haut, placée au centre du ruisseau, à la base de la chute. Au sommet, les pierres plates sur lesquelles tombe l'eau sont encadrées des deux côtés par de gros rochers arrondis. L'effet d'ensemble est étonnamment puissant et inspirant – un peu pareil au résultat d'une méditation *zazen*.

Les ponts

Les ponts sont importants dans la conception du jardin Zen. Ils servent à la traversée de l'eau, mais jouent aussi un rôle symbolique, représentant le lien entre les êtres humains et les dieux, ou le voyage de la race humaine d'une vie terrestre vers un paradis spirituel. Les styles sont nombreux, mais le pont plat dallé de pierre, le pont en bois laqué de rouge, le pont basculant en pierre et le pont plat rustique, en bois, avec des garde-fous sont les plus répandus. Traditionnellement, les ponts sont rarement droits, puisqu'on pensait que le mal voyageait ainsi (influence des principes chinois du Feng shui). Par exemple, un pont en dalles de pierre était bâti d'au moins deux travées, formant un angle l'une par rapport à l'autre. Un pont en lattes de bois formait une courbe au-dessus du ruisseau ou du plan d'eau, avec des roches faisant saillie à chaque extrémité pour éloigner les mauvais esprits.

eau et ponts ■ 157

Bibliographie

Générale
Aitken, R., *Encouraging Words* (Pantheon Press, 1993)
Aoyama, S., *Zen, graines de sagesse* (Vannes, Éd. Sully, 2000)
Blofeld, J., *The Zen Teaching of Huango Po* (The Buddhist Society, 1968–1995)
Dôgen, *Shôbôgenzô* (Paris, Le Courrier du livre, 1970 ; Vannes, Éd. Sully, 2001)
Fromm, E. et Suzuki, D. T., *Zen Buddhism and Psychoanalysis* (Souvenir Press, 1994)
Genpo Merzel, D., *Au cœur du chan* (Paris, J.C. Lattès, 1997)
Hodge, S. et Paul, M., *The World of Zen* (Godsfield Press, 2000)
Hoover, T., *Zen Culture* (Random House, 1997)
Kapleau, P., *Questions Zen* (Paris, Éd. du Seuil, 1992)
Lopez, Donald, S., *The Heart Sutra Explained* (Albany State University of New York Press, 1988)
Okakura, K., *Le livre du thé* (Paris, Les libraires associés, 1964)
Paul, M., *Living Zen* (Francis Lincoln, 2000)
Reps, P., *Le Zen en chair et en os* (Paris, A. Michel, 1993)
Sahn, S., *Dropping Ashes on the Buddha* (Steven Mitchell, the Providence Center, 1976)
Scott, D. et Doubleday, T., *The Elements of Zen* (Element, 1992)
Scott, D., Evans, S. et Keane, M. P., *Simply Zen* (New Holland, 1999)
Suzuki, D. T., *Zen Buddhism* (Rider Books, 1983)
Suzuki, D. T., *Essais sur le bouddhisme Zen* (Paris, A. Michel, 1940 à 1943)
Suzuki, D. T.,*Manuel de bouddhisme Zen* (Paris, Dervy, 1981)
Suzuki, D. T., *Les chemins du Zen* (Éd. du Rocher, 1990)
Suzuki, D. T., *Le non-mental selon la pensée Zen* (Paris, Le Courrier du livre, 1970)
Suzuki, S., *The Meditative Way* (ed. R. Bucknell et C. Kang) (Curzon Publishing, 1995)
Toorkov, *Zen in America* (Kodansha, 1994)
Thich H. N., *The Miracle of Mindfulness* (Beacon Press/Rider, 1975)
Uchiyama, K., *Réalité du zen* (Paris, Courrier du livre, 1974)
365 jours Zen (Paris, Le Courrier du livre, 2001)
Zen, liberté intérieure (Paris, Éd. Véga, 2002)
Sagesse du Zen (Paris, Éd. Véga, 2002)

Intérieurs
Baholyodhin, O., *La vie Zen* (Paris, Éd. Gründ, 2001)
Evans, S., *Contemporary Japanese Design* (Collins et Brown, 1992)
Hardingham, S., *London: A Guide to Recent Architecture* (Ellipsis Koneman, 1995)
Hoppen, Kelly., *Inspiration d'Asie pour décors d'aujourd'hui* (Paris, Gründ, 1997)
Lee, V., *Zen Interiors* (Pavilion Books, 1999)
Lovatt-Smith, L., *Londres avec style* (Paris. Éd. Abbeville, 1998)
Mack, L., *Living in Small Spaces* (Conran Octopus, 1992)
Powell, A. et Harrison, G., *Living Buddhism* (British Museum Publications, 1989)
Slesin, S., Cliff, S. et Rozensztroch, D., *L'art de vivre au Japon* (Paris, Éd. Flammarion, 1988)
Stevens, J. (trans.), *One Robe, One Bowl* (Weatherhill, 1977)
Ypma, H., *Londres minimal* (Paris, Éd. Assouline, 1997)

Cuisine
Dôgen, *Instructions au cuisinier zen* (Paris, Le Promeneur, 1994)
Glassman, B. et Fields, R., *Comment accomoder sa vie à la manière zen* (Paris. A. Michel, 2002)
Kobayashi, K., *Shojin Cookery* (Buddhist Bookstore, San Francisco, 1977)
Scott, D. et Pappas, T., *The Three Bowls Cookbook* (Carroll & Brown, 2000)
Yoneda, S., *Good Food from a Japanese Temple* (Kodansho International, 1982)

Jardins
Bring, M. et Wayembergh, J., *Japanese Gardens: Design et Meaning* (McGraw-Hill, 1981)
Harte, S., *Zen Gardening* (Pavilion Books, 1999)
Houser, P., *Invitation to Tea Gardens: Kyoto's Culture Enclosed* (Suiko Books, 1996)
Itoh, T., *Jardins du Japon* (Paris, Éd. Herscher, 1985)
Keane, M. P., *Japanese Garden Design* (Tuttle, 1996)
Naito, A., *Katsura: un hermitage princier* (Paris, Sté française du livre, 1978)
Nitschke, G., *Le jardin japonais : angle droit et forme naturelle* (Taschen, 1999)
Seike, K. et Kudo, M., *Une note japonaise pour votre jardin* (Paris, Éd. Flammarion, 1986)

Index

Aitken, Robert 48
architecture 82
arts martiaux 23
attention 46-47, 72
Bambou 101, 149, 154, 155
Bankei, maître 39
Bassui Tokusho 60
Bodhidharma (Premier patriarche Zen) 10, 20, 22-23, 25
bodhisattva, idéal 12, 66, 67
bois dans la maison 100-101
Bouddha 9, 10, 21, 31
    et l'Octuple Sentier 34-35
bouvier, histoire du 12-17, 68
Chambres à coucher 90-91
chan, bouddhisme, en Chine 19, 20, 22, 24-27, 28
    monastères 20, 82
    et les préceptes 36
    et cuisine shojin 108
Cinq réflexions avant de manger 110
colère et jalousie 69-70
Confucianisme 24
coussins 51, 92
Dai-kensho 10, 62
Daisen-in, jardins 142
désir 68
Dharma 9, 36, 37, 38
    Les Trois sceaux Dharma d'excellence 40-41
Dix préceptes graves 38, 39
Eihei Dôgen Zenji 8-9, 26, 29, 37, 50, 60, 76, 108, 111, 114
émotions 66, 69-71
Esai, maître 28, 67
estampes 20, 141, 148
Estrade, Sutra de l' 25
exercice, routines 74

fleurs dans la maison 85, 95
futons 84, 88
Genpo Merzel Roshi 41, 61, 149
Glassman, Bernard 114-115
Gudo Nishijina Roshi 34
Haïku 10
Hakuin (Ekaku) 43, 62, 76
Hakuun Yasutani Roshi 48-49
Huang-po 27, 66
Huei-Neng (Sixième patriarche) 20, 25, 63
Huen Sha 11
Hung-jen (Cinquième patriarche) 24, 25, 76
Ikebana 85, 95, 101
illumination 10-11, 21, 28
    et l'idéal du bodhisattva 12, 66, 67
    écoles d' 25, 28, 48
Jakusho Kwong 59
jalousie 69-70
Japon, développement du Zen au 20, 28, 138
jardins 20, 137-157
    simplicité artificielle 149
    ponts 156
    jardinage, pratique spirituelle 146
    paysage 140-141
    lanternes 145
    chemins 150
    plantes 144, 145, 149, 155
    de rocaille 140, 141-143, 152-153
    jardins de thé 140, 143
    utilisation de l'espace 148
    murs et treillages 151
    eau 145, 156, 157

Joshu 26, 63
Kakuan Shion 12-17
Kanchi Sosan 11, 24
Kapleau, Philip Roshi 39
karma 42-43
Keizo Kobayashi 118
kensho 10, 61
Kesa, strophe du 77
koan, étude 9, 10, 26, 28, 46, 48, 62-63
Koei Hoshino, abbesse 134
Kosho Uchiyama 56
Kuei-shan 27
Kyogen Osho 63
Lumière
    dans le jardin 145
    dans la maison 92, 105
Lin-chi 27
lotus, fleurs 154, 155
lotus, position 54, 55
Maezumi Roshi 68
Maha Prajna Paramita Soûtra du cœur 79, 155
Mahasattva, prince 152
Mahayana, bouddhisme 67
maisons 80-105
    salle de bains/bain 88-89
    propreté et ordre 102-103
    ameublement 92
    éclairage 92, 104-105
    réunir l'intérieur et l'extérieur 96-97
    espaces de vie 86-87
    matériaux naturels dans la maison 100-101
    objets et décorations 95
    chambres à coucher 90-91
    rangements 86, 98
    maisons japonaises 82-85
    engawa (véranda) 82, 84, 96

genkan (hall d'entrée) 82, 84, 102
paravents shoji 82, 83, 96, 99, 101, 105
tatamis 82, 83, 92, 99, 102
tokonoma (alcôve) 82, 85
méditation
    et jardinage 146
    et attention 46-47, 72
    voir aussi zazen (assis)
moines 9, 20, 23, 28, 36, 99
monastères
    systèmes de bain 88
    chan 20, 82
    et nourriture 112-113, 114, 134
    jardins 138
    et travail 76
Mumon Yamada Roshi 49
Muso Kokushi 138, 140-141
Nansen 26, 63
nature de Bouddha 8, 9, 12, 61, 134
    et les préceptes 36, 39
    et zazen méditation 49
nonnes 9, 36
nourriture 107-135
    et le cuisinier (tenzo) 94, 114-115
    équipement et techniques de découpe 130-131
    cinq méthodes, couleurs et saveurs 118-119
    repas japonais formel 108
    comme remède 108-110
    équilibre nutritionnel 132-133
    garde-manger de base 120-121

160 ■ index

soûtras avant le repas 110-111
recettes 127-129
achats de saison 122-123
shojin-ryori 107, 108-111, 134
produits à base de germes de soja 124-125
cuisine des trois bols 112-113
et bien-être 74
yin et yang 117
Octuple sentier 33, 34-35, 66
Okakura Kazuko 103
origines indiennes du Zen 19, 20, 24
Pai-chang Huai-hai, maître 8, 76
Pappas, Tom 111, 113
Pavillon d'or, temple jardin 156
peur 70
 et les Quatre nobles vérités 21, 32-33
 et les préceptes 36-37, 38
ponts 156

position birmane pour la méditation 54
préceptes 36-39, 66
Quatre nobles vérités 21, 32-33
Quatre vœux du Mahayana 67, 77
Réalisation 61
Rinzai, école 10, 27, 29, 46, 48, 62
Ryoan-ji, jardins du temple 141-142, 152
Ryôkan (maître Zen) 10-11, 40, 150
Sabi 94
Saiho-ji, jardins du temple 138, 140, 141
salle de bains/bain 88-89
samsara 68
samu 9, 76, 146
samourai, guerriers 82
Sangha 9, 36, 37, 38
Sanko-in, temple 134
satori 10, 61
Seng T'San 39
Seung Sahn 47

Shaolin, monastère 23
Shen-hsui 25
shikantaza (attention) 46-47, 72
shintoisme 156
shoin, maisons du style 82, 96
Shunryu Suzuki 59, 60
Siddhârtha Gautama *voir le Bouddha*
Six perfections 67
Soami 142-143
Soei Yoneda, abbesse 108, 114
Song, dynastie 12, 20
Sôtô, école 8, 29, 46, 48, 62
souffrance 32, 33, 40
soûtras 77, 110, 112, 155
spontanéité 72
Taiso Eka 23
tansu, coffres 98
Tao Te Ching 24
Tao-hsin (Quatrième patriarche) 76
taoisme 24
tatamis 82, 83, 92, 99, 102
Tenryu-ji, jardins du temple 140
Tenshin Fletcher Sensei 71, 73
Trois préceptes purs 37

Trois refuges 36-37
Trois sceaux Dharma d' excellence 40-41
Trois trésors 9, 36, 77, 112
Umon (maître Zen) 9
Végétarisme 110, 132
Verset d'expiation 77
Verset du Kesa 77
Voie du milieu 35
vœux et soûtras, psalmodier des 77-79
vœux et soûtras quotidiens 77-79
Wabi 86, 88, 94
Watts, Alan 20, 74
Wright, Frank Lloyd 94
Wu des Liang, empereur 22-23
Yang-shan 27
Yasutani Roshi 48-49
yin et yang 117
Yoka Daishi 43
Zazen, méditation assise 9, 10, 28, 34, 48–60
Zoen (prêtre shintoïste) 138

Remerciements

David Scott a tiré le matériel de ce livre de certaines de ses précédentes publications sur ce sujet. Il remercie Sian Evans pour sa permission d'utiliser ses écrits sur les intérieurs japonais, Tenshin Fletcher Sensei pour l'accès à son matériel originel sur la pratique Zen et pour son précieux enseignement Zen, Genpo Merzel Roshi, le maître Zen de David depuis plus de 20 ans, Helen Kokelaar pour son savoir-faire avec l'ordinateur, sa patience et sa gentillesse, Jane Ellis avec laquelle travailler a été un plaisir.

pp. 18-19 The Ancient Art et Architecture Collection Ltd; **p. 109** Anthony Blake Photo Library/Martin Brigdale; **p. 23** Copyright The British Museum; **p. 116** David Loftus; **pp. 134, 141** David Scott; **p. 142** Garden Picture Library/Sunniva Harte; **pp. 140, 144(l)** Garden Picture Library/Jenny Pavia; **pp. 144(r), 151** Garden Picture Library; **p. 143** Garden Picture Library/Ron Sutherland; **p. 148** Garden Picture Library/Christopher Fairweather; **pp. 21, 29** Geoff Howard; **pp. 6-7, 30-31, 47, 66, 77-79, 135, 147, 153** Getty Images Stone; **p. 72** Getty Images Stone/Marc Muench; **pp. 36-37, 154** Getty Images Stone/Rex A Butcher; **pp. 5(t), 5(b), 84, 86, 94, 99, 111, 139, 157** Interior Archive/Andrew Wood; **p. 103** Interior Archive/Edina Van Der Wyck; **p. 83** Interior Archive/Fritz Vonden Schulenberg; **p. 150** Interior Archive/Helen Fickling; **p. 90** Interior Archive/Luke Wholé; **p. 93** Interior Archive/Tim Beddow; **pp. 87, 89, 91, 104** Narratives/Jan Baldwin /Architect Johnathan Clark (tel: 020 7287 5504); **pp. 2, 95, 100, 102, 130** Photonica/Neo Vision; **p. 43** Photonica/Eric Van Den Brulle; **pp. 48-49** Tommy Flynn; **pp. 64-65** Photonica/Azu Oyama; **pp. 80-81, 106-107, 136-137** Photonica/Kangoro Nakagawa; **p. 33** Photonica/Shogoro; **p. 11** Photonica/Yuko Shimanda; **p 71** Photonica/Shoichi Itoga; **pp. 1, 96, 98, 101** Ray Main/Mainstream; **p 97** Ray Main/Mainstream/Tindale Batstone Landscape Design